KB159692

그래도 헌법은

좀 알아야 하지 않을까?

그래도!!

그래도!!

법알못?

법알못?

그래도!!

그래도!!

그래도!!

법알못?

법알못?

그래도 헌법은 좀 알아야 하지 않을까?

헌법

곽한영 글 오승민 그림

나무를 심는 사람들

프롤로그

헌법에 담긴 민주주의의 정신

저는 사범대에서 사회 선생님이 될 학생들을 가르치고 있어요. '선생님을 가르치는 선생님'이라고 할 수 있겠네요. 사회 선생님이 되려면 정치학, 경제학, 사회학, 법학 등 다양한 내용들을 배워야 하는데 특히 법에 관련된 내용을 배울 땐 학생들이 긴장하는 게 느껴져요. 아무래도 평소에 법을 접할 기회가 별로 없기도 하고, 법이 복잡하고 어렵다는 선입견이 있기 때문에 그런 것 같아요. 하지만 막상 법에 대해 조금씩 알아 가다 보면 법만큼 재미있는 과목이 없다고 말하는 학생들이 많아요. 여러 학문들 중에서도 우리의 삶에 가장 직접적으로 맞닿아 있는 내용들을 다루고 있기 때문에, 배우면 배울수록 더 많은 사회 현상의 원리와 규칙을 이해하게 되니까 신기하고 흥미로운 거죠.

'나무를 심는 사람들'에서 질문하는 사회 시리즈 중 하나로 중고등학생들이 읽을 만한 법에 관련된 책을 써 보자는 제의를 받았을 때도, 과연 청소년들의 눈높이에 맞출 수 있을까 걱정하는 한편으로 학생들이 조금만 내용에 집중할 수 있도록 한다면 틀림없이 다양한 법 이야기를 재밌어할 거라고 생각했어요. 그래서 『귀찮아, 법 없이 살면 안 될까?』라는 제목으로 책을 썼어요. 다행히 제가 기대한 것보다 훨씬 더 많은 학생들이 이 책을 재미있게 읽어 줬고, 덕분에 학교 현장에 특강을 가서 눈빛을 반짝반짝 빛내는 많은 학생들을 만날 수 있었어요.

하지만 학교에서 만난 학생들, 선생님들 중 책이 쉽고 재밌는데 분량이 너무 적어서 법에 관한 이야기를 좀 더 들려줬으면 좋겠다는 바람을 전해 준 분들이 많았어요. 특히 헌법에 관련된 내용을 더 집중적으로 다루어 줬으면 좋겠다는 요청이 많았죠. 그도 그럴 것이 중고등학교 사회 교과서에서 다루는 법에 관련된 내용은 대부분 헌법에 관련된 내용들이거든요. 기본권, 인권에 관한 내용도 그렇고 입법부, 행정부, 사법부 등 국가 기관에 관한 내용들도 따지고 보면 다 헌법에 담겨 있는 내용들이니까요. 사실 헌법이 이렇게 중등 교육에서 중요한 내용이기 때문에 사범 대학 교육 과정에서도 '헌법'은 별도의 전공 필수 과목으로 분리해서 모든 학생들이 반드시 수강하도록 하고 있기도 해요.

교과서에서 많은 분량을 할애해서 다루고 있는 내용이라는 건 그만큼 헌법이 교육적으로 아주 중요한 내용이라는 뜻이겠죠? 사실 형법, 민법 등 개별적인 법의 내용들은 구체적으로 법적 문제에 부딪치게 되었을 때 법률 전문가나 여러 자료들을 통해서 찾아봐도 돼요. 하지만 헌법은 우리나라가 지향하고 있는 가치가 어떤 것인지, 국민으로서 어떤 권리와 의무를 지니고 있는지, 우리나라의 국가 기관들이 어떤 구조로 만들어져서 어떻게 운영되고 있는지 기본적인 내용들을 다루고 있기 때문에 우리나라 국민이라면, 나라의 주인으로 살아가야 할 민주 사회의 시민이라면 당연히 알고 있어야 할 필수 상식 중 하나라고 생각해요.

이 책에서는 주로 우리나라 헌법, 그중에서도 현행 헌법인 제9차 개정 헌법의 내용을 다루었지만 그 전에 헌법에 대해 전반적인 내용을 알아 두어야 할 것 같아서 1장은 '헌법의 개념'으로 시작했어요. 헌법의 개념과 특징, 역사와 관련된 내용들이 담겨 있어요.

2장부터는 현행 헌법의 조문들을 직접 찾아보면서 읽으면 좋을 거예요. 인터넷에서 '대한민국 헌법'을 검색하면 쉽게 전체 조문을 찾아볼 수 있어요. 2장은 헌법의 핵심이라고 할 수 있는 '기본권'에 관련된 내용들이에요. 3장, 4장, 5장은 헌법학에서 '통치 구조론'이라고 부르는 우리나라의 주요한 국가 기관들에 관한 내용들이에요.

6장은 실제로 헌법에 기반한 헌법 재판소의 결정으로 우리의 삶과 역사가 크게 바뀐 대표적인 사건들을 다섯 개 뽑아서 다루었어요. 그리고 7장에서는 비슷한 맥락에서 미국의 역사를 바꾼 연방 대법원의 유명한 판례 다섯 개가 소개됩니다.

최대한 쉽고 재미있게 헌법의 정신, 헌법에 담긴 민주주의의 정신을 여러분에게 전달하려고 노력했는데 어떻게 읽을지 궁금하네요. 교육이라는 건, 어느 세대가 다음 세대로 이어진다는 건 이렇게 그 사회의 정신과 가치를 이어달리기처럼 손에서 손으로 전하는 작업이 아닐까 하는 생각이 들어요. 그렇게 생각이 이어지다 보니 문득 저에게 법 교육의 배턴을 전해 주셨던 서울대 사회교육과의 박성혁 교수님이 생각나네요. 앞서 쓴 표현을 빌리자면 '선생님의 선생님의 선생님'이시죠. 부디 이 책이 '선생님'이 저에게 전해 주신 맑은 정신과 마음을 여러분에게도 잘 전달해 주는 온전한 그릇이 되었으면 합니다. 책을 펼쳐 주셔서 정말 감사합니다.

차례

2장

헌법의 뼈대와 기본권

3장

입법부, 국회

4장

대통령과 행정부

5장

법원과 헌법 재판소

6장
우리나라를 바꾼 헌법 재판소의 결정

7장
미국을 바꾼 연방 대법원 판례

1장

헌법의 개념

1

헌법을 한마디로 설명한다면?

대한민국 국민으로서 우리나라 헌법에 대해서는 좀 알아야 하지 않을까 해서 책을 펼쳤지만 100페이지도 넘는 엄청난 내용을 읽을 생각을 하니까 까마득해요. '이게 헌법이다' 하고 좀 간단하게 설명해 주시면 안 될까요?

하하, 아무래도 일반인들의 입장에서는 '법'이라고 하면 첫 인상부터 어렵고 복잡하게 느끼는 것이 당연하겠죠. 게다가 법 중의 법, 가장 중요한 법이라고 하는 '헌법'이라는 이름을 접하게 되면 일단 위축되는 것도 사실이에요. 하지만 미리 말씀드리고 싶은 것은 간단한 설명은 부정확한 설명이 될 가능성이 높다는 점이에요.

예를 들어 여러분이 나무 한 그루를 도화지 위에 그린다고 생각해 보세요. 무성한 잎과 사방으로 뻗어 나간 나뭇가지들 그리고 나무껍질의 복잡한 모양을 하나하나 그려 내는 것은 너무 힘들고 때로 불가능하게 느껴지는 일이겠죠? 그렇다고 잎과 가지를 모두 쳐 내고 민둥민둥해진 나무 막대기 하나를 그려 놓는다면 그건 원래 그리려고 했던 '나무'와 완전히 다른 것이 되지 않겠어요? 그러니 어떤 것을 제대로 이해하기 위해서는 세세한 부분들까지 자세히 살피려는 노력이 필요한 건 당연한 일이에요.

하지만 먼 길을 가기 위해서는 대략적인 방향이라도 알고 걸음을 옮기는 것이 필요하겠죠? 헌법을 가장 간단한 말로 표현하자면 '국가의 뼈대를 이루는 법'이라고 할 수 있어요. 국가는 현재 우리가 살아가는 가장 큰 단위의 공동체이고, 이렇게 많은 사람들이 모여서 살아가려면 여러 가지 규범들도 필요하고, 제도들도 필요하고, 이걸 실행하기 위한 국가 기관들도 만들어져야 할 거예요. 그리고 이런 일련의 시스템들이 공동체의 구성원인 국민의 동의 위에, 국민의 행복을 위해 작동해야 한다는 중요한 원칙도 분명히 선언될 필요가 있죠. 이렇게 크고 단단한 바위 같은 기반이 만들어진 후에야 그 위에 기둥도 세우고 벽도 만들고 지붕도 씌워서 '국가'라는 큰 집을 지을 수 있을 거예요. 헌법은 가장 밑바닥에 있는 기초와 같은 역할을 하고 법률 등 다른 규범과 제도들이 그 위에 차곡차곡 올라가게 되는 거죠.

"국가의 뼈대를 이루는 법"

글자의 본래 뜻에도 이런 의미가 담겨 있다는 걸 알 수 있어요. '헌'(憲)이라는 한자는 해로운 일(害)을 하지 못하도록 눈(目)으로 보고 마음(心)으로 지키라는 뜻으로 만들어졌다고 해요. 그래서 법, 가르침, 깨우침 혹은 모범이 되는 일들을 뜻했는데 다른 해석에 의하면 차양 막(宀) 아래에 있는 높은 사람이 백성들을 내려다보면서 명령을 내리는 모양을 표현한 것이라고도 해요. 즉, 국가에서 만든 어떤 원칙이나 제도에 따라 국민들이 살아가도록 하는 일종의 '틀'과 같은 것이죠. 뒤에서 좀 더 자세하게 설명하겠지만 그래서 헌법은 국가와 개인 사이의 관계를 다루는 '공법'(公法)의 일종이에요.

국가를 구성하는 원칙과 제도에 관한 법이라는 헌법의 의미는 영어 단어에서 좀 더 분명하게 드러나요. 영어로 헌법은 'constitution'인데 여기서 'constitute'가 '구성하다, 이루다, 설립하다'라는 뜻이거든요. 국가를 만들고 구성하는 여러 가지 원칙과 제도를 밝혀 놓은 법이 헌법이라는 거죠. 이 단어는 라틴어 'constitutio'에서 유래한 것인데 이 단어의 원래 뜻은 황제나 교황이 내리는 명령이나 규범이었다고 해요. 그런 여러 규범들이 모이고 모여서 제도와 국가를 '구성한다'고 생각했던 거죠. 그러고 보면 한자나 영어 모두 위로부터 아래로 내려오는 명령, 그 명령들이 모여서 만들어지는 제도, 제도를 바탕으로 구성되는 국가라는 비슷한 의미를 지니고 있었네요.

하지만 이 어원들은 아주 오래전에 만들어진 것이기 때문에 현재 우리 사회에서 사용되는 의미와 꼭 맞는 것은 아니에요. 가장 큰 차이는 방향성의 문제죠. 예전에 헌법은 '위에서 아래로'라는 방향성이 강조되었는데 현대 사회에서는 반대로 '아래에서 위로'라는 방향성을 더 중요하게 여기고 있거든요.

2

헌법의 핵심은 '기본권'이라고?

헌법을 한마디로 쉽게 설명해 달라고 부탁드렸더니 더 어려운 말씀만 하시네요. '아래에서 위로 올라가는 법'이 도대체 뭐죠? 법은 원래 위에서 만들어서 아래로 내려오는 거 아닌가요?

많은 사람들이 법은 위에서 아래로 내려오는 거라 생각해요. 앞에서 설명한 '헌법'이라는 글자도 어원만으로 보자면 높은 계급의 사람들이 명령과 규범을 만들고 국민들이 이걸 잘 지키는지 지켜본다는 의미를 갖고 있으니까요. 사실 소수의 사람들이 다수의 사람들을 지배하던 계급 사회에서는 이게 당연한 상식이었을 거예요. 이 경우 법은 소수의 지배층이 다수를 더 효율적으로 통치하기 위한 '통치의 수단'이라는 의미를 지니고 있었을 테니까요. 그래서 지금의 헌법에 해당하는 옛날 법들은 대부분 이런 국가 기관의 구성과 운영에 관련된 내용들을 담고 있었어요. 이런 내용들을 조금 어려운 말로 '통치 구조'라고 해요.

하지만 근대 이후 시민 혁명을 통해서 민주 사회가 되면서 법의 역할은 크게 달라지게 돼요. 민주 사회는 말 그대로 '모든 국민들이 주인이 되는 사회'잖아요. 그런데 현실적으로 모든 국민들이 매번 모여서 의사 결정을 하고 국가를 운영하는 것은 어려우니까 자신들을 대신할 대표들을 선출했어요. 그리고 이 사람들이 직접 통치하는 것이 아니라 대표들을 통해 만든 법에 따라 통치가 이루어지는 시스템을 만들었어요. 이걸 '법치'(法治)라고 해요. 말 그대로 법이 통치한다, 법에 따라 통치를 한다는 뜻이죠.

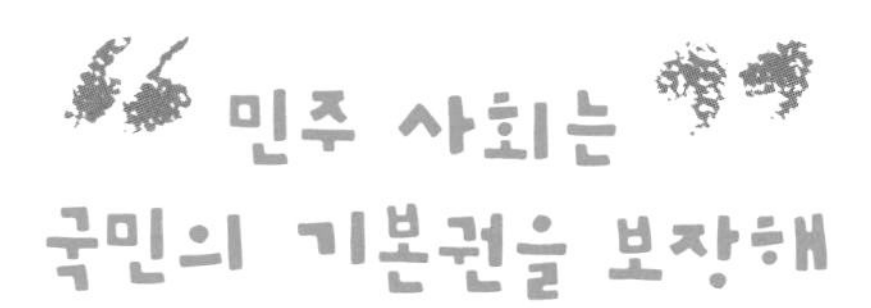

그런데 국가가 점점 커지면서 문제가 생겼어요. 국가의 규모가 커지니까 국가 기관도 늘어나고 제도의 숫자도 증가하고 이에 따라 여러 가지 법들도 기하급수적으로 늘어나니까, 국민들 입장에서는 어떤 법이 옳고 그른지 일일이 따져 볼 수가 없게 된 거예요. 민주 사회에서 국가의 역할이 뭘까요? 왜 국민들은 국가가 필요하다고 생각할까요? 당연히 국민들의 권리를 지키고 행복하게 살 수 있도록 하는 것이 국가의 역할이겠죠? 이런 내용들을 헌법에서는 '기본권'이라고 불러요. 즉, 국가의 통치 구조가 존재하는 목적은 국민들의 기본권을 보장하고 최대한 실현시킬 수 있도록 노력하는 것이라고 할 수 있어요. 그래서 민주 국가의 헌법에는 국민들의 '기본권'에 관한 내용들이 추가되었어요.

법치주의 법에 의한 지배를 의미하며, 근대 입헌 국가의 정치 원리이다. 나라나 권력자가 국민의 자유나 권리를 제한하거나 새로운 의무를 부과하려 할 때는 반드시 국민의 의사를 대표하는 국회에서 만든 법률에 의거해야 하고, 행정도 재판도 법률에 따라 행해져야 한다는 이론이다.

바로 이 부분, '기본권'에 관한 내용이 담겨 있는지의 여부가 근대 이전의 헌법과 현대 민주 국가의 헌법 사이에 가장 차이가 나는 부분이에요. 근대 이전의 헌법에는 체계적인 국가 운영을 위한 '통치 구조'에 대한 내용들만 담겨 있었다면, 현대 헌법에서는 이런 통치 구조의 궁극적인 목적이 국민들의 '기본권'을 보장하는 것임을 분명하게 밝히는 거죠. 그래서 현대의 헌법은 민주주의와 떼려야 뗄 수 없는 관계를 가지고 있고, 과거의 헌법과 구분하기 위해서 '입헌주의 헌법'이라고 부르기도 해요.

자, 이제 국민들의 기본권이 국가의 가장 중요한 목적이라는 점을 분명히 선언한 헌법을 가지게 되었으니 수많은 개별적인 법률들을 검토하고 통제하는 게 가능하겠죠? 헌법을 최고의 원칙, 가장 중요한 원칙으로 내세우고 이를 바탕으로 개별적인 법률들이 헌법의 원칙에 어긋나는지 그렇지 않은지를 판단하면 되니까

요. 대학 강의에서 법의 체계를 표시한 피라미드 그림을 설명할 때 저는 항상 맨 위에 놓인 헌법을 '모자'에 비유해서 설명해요. 마치 위에서 뒤집어씌운 모자처럼 여러 규범들의 맨 꼭대기에서 이 규범들이 헌법의 틀을 벗어나지 못하도록 제어하는 역할을 하니까요. 이제 왜 헌법이 '최고의 법, 가장 중요한 법'이라고 불리는지 알겠죠?

세계에서 가장 오래된 헌법은?

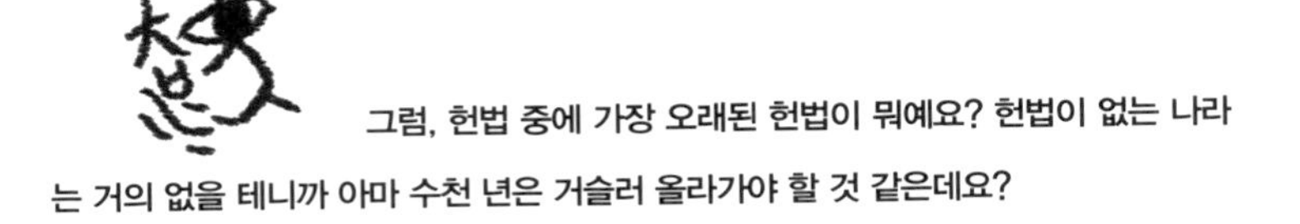

그럼, 헌법 중에 가장 오래된 헌법이 뭐예요? 헌법이 없는 나라는 거의 없을 테니까 아마 수천 년은 거슬러 올라가야 할 것 같은데요?

가장 오래된 헌법이 무엇인가에 대한 답은 어떤 것을 헌법으로 보는가에 따라 달라질 것 같아요. 앞에서 제가 헌법은 '국가의 뼈대가 되는 제도와 원칙들을 밝힌 법'이라는 성격과 '모든 국가 제도의 목적인 국민들의 기본권을 선언하고 보장하는 법'이라는 두 가지 성격을 지니고 있다고 설명드렸죠? 전자, 즉 국가의 뼈대를 세우는 법이라면 어떤 국가든 다 가지고 있었을 테니까 분명히 아주아주 오래전부터 있었을 거예요.

하지만 오랜 세월 동안 소수의 사람들이 권력을 독점하고 다수를 지배하는 정치 체제가 유지되어 왔기 때문에 국가가 국민들을 위해 존재하는 것이라는 생각을 하게 된 것은 그리 오래된 일이 아니에요. 점차 국민들의 힘이 강해져서 국가의 주인이 국민이라는 점을 분명히 하고 국가의 권력을 견제하기 시작하면서 그 수단으로 '기본권'을 내세우게 된 거죠. 이렇게 보자면 현대 국가에서 헌법은 기본권을 바탕으로 막강한 국가의 힘을 제한하는 성격을 강하게 지니고 있다고 볼 수 있어요.

학자들마다 의견이 다를 수 있지만 통상 이렇게 '국가의 힘을 제한하는 헌법'의 성격을 보여 준 가장 오래된 사례로 1215년의 '마그나 카르타'를 꼽아요. 지금으로부터 800여 년 전, 영국은 왕과 영주들이 통치하는 봉건 국가였어요. 당시 영국을 다스리던 존 왕은 형인 리처드 3세가 십자군 원정을 떠나면서 왕위를 물려받았는데 형이 원정군을 꾸리면서 무리하게 병력을 빼 갔기 때문에 군사력이 크게 약화되었어요. 그래서 바다 건너 유럽 대륙에 가지고 있던 영토인 노르망디 지역마저 프랑스에 빼앗기고 말았지요.

"마그나 카르타, 대헌장"

안 그래도 전쟁으로 인한 세금 부담에 시달리던 귀족들은 존 왕이 무기력하게 패배하는 무능한 모습을 보이자 왕에게 반기를 들고 대항하게 됩니다. 이미 세력이 크게 약화되었던 존 왕은 별다른 저항도 없이 금세 굴복했지만, 귀족들이 내세우려 했던 왕족이 사망하는 바람에 존 왕을 대체할 사람이 없어지는 문제가 발생해요. 하지만 그대로 물러갈 수는 없었던 귀족들은 전략을 바꾸어 존 왕에게 앞으로 귀족들의 권리를 보장하고, 함부로 세금을 거두거나 억압을 하지 않겠다고 약속하는 일종의 각서를 쓰도록 합니다. 이 각서의 이름이 '큰'이라는 의미의 'Magna'와 '서류, 헌장'이라는 의미의 'Carta'예요. 그래서 우리말로 '대헌장'이라고 번역하기도 하지요.

왕이 귀족들의 권리를 보장하는 내용을 담은 문서가 어째서 헌법과 관련이 있다는 거지? 하는 생각이 들죠? 사실 이 문서는 제대로 힘을 발휘하지 못하고 잊혀 있다가 시간이 4백 년이나 지난 후, 영국의 법률가 에드워드 코크에 의해 부활하게 됩니다. 이즈음 영국에서는 상공업의 발전을 바탕으로 중산층의 힘이 커져가고 있었어요. 대법관이었던 코크는 절대 권력을 휘두르던 왕에 맞서 중산층 시민들의 권리를 지키기 위해 잊혀 있던 마그나 카르타를 전면에 내세웁니다. 이 문서에서 왕이 '기본권을 존중하고 보장하겠다'고 했던 약속은 귀족뿐 아니라 일반 국민 전체에게 한 약속으로 봐야 한다고 확장해서 해석한 것이지요. 즉, 왕이 스스로 권력을 남용하지 않고 기본권을 보장하기로 오래전부터 약속했으니 왕의 권력보다 법치가 우선시되는 것이 당연하다는 논리였어요.

이를 바탕으로 코크는 당시 국왕이었던 제임스 1세가 재판에서 패소하는 엄청난 판결을 내리기도 하고, 인권 보장에 대한 왕의 약속을 재확인하는 '권리 청원'을 주도하기도 했습니다. 코크의 치열한 노력으로 사람들은 왕의 권력도 절대적인 것이 아니고 오히려 국민의 권리가 우선시되어야 한다는 깨달음을 얻기 시작했고, 이는 결국 영국의 민주주의를 탄생시킨 시민 혁명으로 이어지게 됩니다.

하지만 여전히 귀족과 평민의 신분 차이가 존재하던 영국보다 이 생각을 더 적극적으로 수용한 것은 새로 만들어진 국가였던 미국이었습니다. 미국은 코크가 주장한 법치주의 원리와 제도를 바탕으로 국가 체제를 만들어 나갑니다. 그래서 미국은 민주 국가, 법치 국가로서 미국의 시발점이 1215년 마그나 카르타에 존 왕이 서명하던 시점부터였다고 생각하지요.

'법으로 왕의 권력을 제한해서 국민의 권리를 보장한다'는 마그나 카르타의 아이디어는 결국 '국가 권력의 남용을 막아서 국민의 기본권을 지킨다'는 현대 헌법의 원리와 맞닿아 있어요. 그래서 마그나 카르타는 가장 오래된 헌법, 민주주의와 법치주의의 시작을 알린 이정표로 기억되고 있습니다.

4
법보다
더 센 법,
좀 이상하지
않나?
법

법으로 법을 견제한다는 게 말이 되는 것 같지만 생각해 보면 좀 이상해요. 그럼 헌법으로 땅바닥에 크게 선을 그어 놓고 법이 그 선 밖으로 나가면 '아웃!'을 외치면서 깃발을 들어 올리는 건가요?

딩동! 정확하게 맞췄어요. 헌법은 가장 중요한 국가적 원칙이기 때문에 국민들이 모두 참여하는 국민 투표를 통해 만들어요. 반면 법률은 국민의 대표인 국회 의원들이 만들죠. 물론 국회 의원들이 처음부터 헌법의 내용을 잘 검토해서 어긋나지 않게 법률을 만들려고 노력하지만, 만약 만들어진 법률이 국민들의 기본권을 침해하는 요소가 있어 보인다면 헌법을 바탕으로 다시 검토해서 법률을 수정하거나 폐지하는 절차를 밟게 돼요. 이렇게 하는 것을 '사법 심사'라고 해요. 우리나라에서는 헌법 재판소가 이 일을 맡고 있고(우리나라는 '위헌 법률 심판'이라고 불러요) 미국의 경우는 연방 대법원에서 하고 있어요. 보다 정확히 말하자면 미국에서 시작된 사법 심사가 전 세계적으로 퍼져 나갔다고 볼 수 있죠.

미국에서 헌법을 바탕으로 법률을 제한하는 사법 심사를 처음 시작하게 된 계기는 1803년의 '마버리 사건'이었어요. 미국의 제2대 대통령은 존 애덤스였는데 재선에 실패해서 1801년 3월 존 애덤스의 평생의 라이벌이자 앙숙인 토머스 제퍼슨이 제3대 대통령에 오르게 됩니다. 제퍼슨에게 원한이 깊었던 애덤스는 임기를 이틀 남겨 두고 대통령의 권한으로 판사들을 수십 명이나 임명해 버립니다. 자신이 임명한 판사들을 통해 제퍼슨을 임기 내내 괴롭히려는 의도였죠. 그런데 시간이 너무 촉박해서 서둘러 국회 인준을 받고 곧장 임명장을 전달하러 담당 관리들이 뛰쳐나갔으나 결국 몇몇 사람들에게는 임명장을 채 전달하지 못한 상황에서 신임 대통령을 맞이하게 됩니다. 새로 취임한 제퍼슨 대통령은 이 일을 알고 당연히 분노했고 아직 전달되지 않은 임명장들은 전달하지 말 것을 명령합니다.

겨우 며칠 차이로 평생의 명예가 될 판사 임명을 못 받은 억울한 사람 중에 윌리엄 마버리가 있었습니다. 그는 행정부가 자신의 임명장을 전달하도록 명령해 달라는 소송을 연방 대법원에 제기했어요. 연방 대법원장을 맡고 있던 존 마셜은 머리가 복잡해집니다. 왜냐면 자신도 애덤스에게 임명된 판사라서 애덤스의 편을 들어야 하는 입장인데 임기 동안 함께 일해야 할 신임 제퍼슨 대통령과 불편한 관계가 되는 것도 원치 않았기 때문이죠. 당시엔 연방 대법원의 힘이 별로 크지 않았기 때문에 연방 대법원의 결정을 행정부가 거부할 수도 있었어요. 제퍼슨 대통령이 정면으로 판결 거부를 선언하면 안 그래도 존재감이 없었던 연방 대법원이 있으나 마나 한 존재가 될 수도 있었죠.

마버리가 이겼을까?

이 곤란한 상황을 피하기 위한 묘수로 마셜 대법원장은 일단 마버리의 주장이 맞다고 판단했습니다. 판사의 임명도 정당했고, 사법부 법에 의하면 임명장을 강제로 전달하라는 행정 집행 명령 권한이 연방 대법원에 있으니 소송도 제대로 제기되었다는 것이지요. 여기까지만 들으면 마버리가 이겼구나, 생각하실 수 있지만 엄청난 반전이 있습니다. 마셜은 마버리의 주장이 타당하지만 애초에 행정 집행 명령 권한을 연방 대법원에 부여하는 사법부 법이 헌법에 없는 내용이기 때문에 위헌이라고 판결했습니다.

복잡하죠? 간단히 말하자면 마버리 말이 다 맞지만 사법부가 행정부에 이래라저래라 할 수 있는 권한의 근거인 사법부 법이 애초에 헌법에 어긋나니까 우리도 어쩔 수 없다, 이런 얘기입니다. 이쪽 말도 맞고, 저쪽 말도 맞는데 난 권한이 없으니 판단하지 않겠다는 거죠. 이렇게 빠져나가기 위해 헌법을 근거로 법률이 무효라는 판결을 내린 것입니다.

어찌 보면 책임을 회피하려는 마셜 대법원장의 꼼수처럼 보이기도 하지만 이 판결은 세계 역사상 헌법 재판의 문을 연 역사적인 사건이었습니다. 당시 유명무실하게 여겨졌던 헌법의 존재를 의회에서 만든 법보다 더 우선하는 최고의 법으로서 선언한 일이었고, 이를 계기로 헌법이 강제력을 가진 실체로 인정되면서 '사법 심사'가 시작되었기 때문이죠. 또한 이를 바탕으로 사법부가 의회, 행정부를 견제할 수단을 갖게 되어 민주 국가를 지지하는 세 개의 축인 진정한 의미에서의 '삼권 분립'이 정립되었다고 할 수 있어요.

5

우리나라 헌법도 오래됐을까?

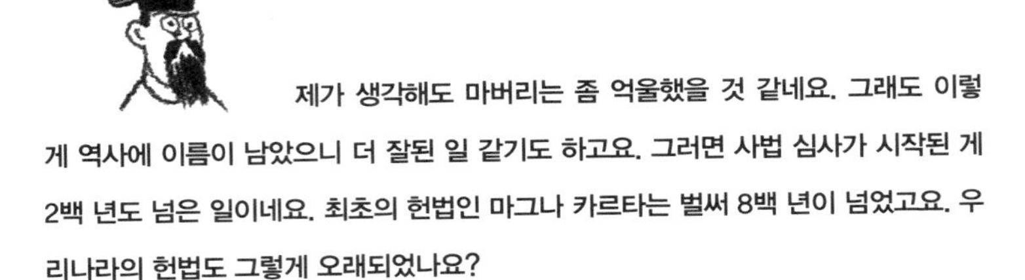

제가 생각해도 마버리는 좀 억울했을 것 같네요. 그래도 이렇게 역사에 이름이 남았으니 더 잘된 일 같기도 하고요. 그러면 사법 심사가 시작된 게 2백 년도 넘은 일이네요. 최초의 헌법인 마그나 카르타는 벌써 8백 년이 넘었고요. 우리나라의 헌법도 그렇게 오래되었나요?

우리나라 최초의 헌법이 무엇인가에 대한 답도 앞에서 설명한 것처럼 헌법을 무엇으로 보느냐에 따라 달라질 것 같아요. 나라의 뼈대를 세우는 제도와 원칙에 관한 법을 의미한다면 아주 오랜 옛날로 거슬러 올라갈 수 있겠죠. 하지만 마그나 카르타처럼 국가의 권력을 제한해서 국민들의 기본권을 보장하는 것을 목적으로 하는 근대 입헌주의 헌법이라면, 1895년에 만들어진 '홍범 14조'를 헌법의 성격을 지닌 가장 오래된 문서로 볼 수 있어요.

1894년 보수 세력을 몰아내고 갑오개혁을 단행한 개화파는 이듬해인 1895년에 개혁을 제도화하기 위한 방법으로 '홍범 14조'를 선포해요. 여기엔 근대적인 내각 제도의 도입, 조세 법정주의, 법치주의에 바탕을 둔 국민의 생명과 재산권에 대한 보호 등 조선을 근대적 국가, 헌법에 바탕을 둔 민주 국가로 발전시켜 나가려는 내용들이 담겨 있었어요. '홍범'(弘範)이라는 말 자체가 '모범이 되는 큰 규범'이라는 뜻이니 헌법과 비슷한 의미라고 할 수 있죠. 안타깝게도 이후 조선이 대한 제국으로 바뀌면서 오히려 황제의 통치를 강화하는 내용을 담은 '대한국 국제'를 1899년 반포하면서 홍범 14조의 내용들은 실현되지 못했죠.

현재 대한민국 헌법은 해방 후인 1948년 7월 17일에 발효된 '제헌 헌법'이 여러 차례 개정을 거쳐 지금에 이른 거예요. 그런데 당시 복잡한 정치적 상황 때문에 헌법을 만들 제헌 의원들을 뽑는 선거가 1948년 5월 10일에 이루어져서 5월 31일에야 의원들이 처음으로 모일 수 있었기 때문에 헌법이 불과 며칠 사이에 대충 만들어졌다고 생각하시는 분들도 있어요. 하지만 그건 오해예요.

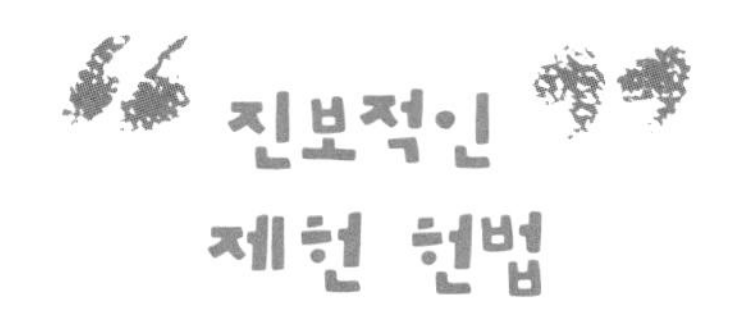

제헌 헌법 자체는 20일 남짓한 기간에 만들어진 것이 사실이지만 이 제헌 헌법의 모태가 되는 것은 일제 강점기에 목숨을 걸고 독립운동을 했던 임시 정부의 헌법이거든요. 상하이에서 대한민국 임시 정부를 수립하고 임시 헌장 10개 조를 채택한 게 1919년 4월 11일의 일이고, 이후 1945년 해방 때까지 다섯 번이나 개헌의 과정을 거치니까 제헌 헌법은 거의 30년의 세월 동안 피와 땀으로 만들고 지켜 온 것이라고 할 수 있죠. 그래서 당연히 제헌 헌법을 만들 때도 임시 정부 헌법을 바탕으로 하는 것에 그 누구도 반대하지 않았다고 해요.

이 부분은 대단히 중요해요. 우리 제헌 헌법에는 모든 사람들에게 평등하게 투표권을 주는 보통 선거 제도, 모든 국민들의 교육의 기회를 보장하는 의무 교육 제도, 최소한의 인간다운 생활을 보장하는 사회권의 보장 등 매우 진보적인 내용들이 포함되어 있거든요. 서구의 선진국들도 이런 내용들을 제도화하는 데는 아주 오랜 세월 동안의 갈등과 혼란이 있었는데, 우리는 임시 정부 헌법의 정당성에 누구도 의문을 제기하지 않는 상황이었기 때문에 이런 사회적 혼란 없이 빠르게 민주 국가로 나아갈 수 있었던 거죠.

예를 들어 보통 선거 제도의 경우 영국은 1928년, 민주주의의 발상지라는 그리스는 1952년, 미국은 흑인의 투표가 허용된 1965년, 스위스는 여성의 투표가 허용된 1971년에 와서야 확립되었으니 우리나라 헌법이 얼마나 앞선 내용을 담고 있었는지 잘 알 수 있답니다. 헌법은 우리가 자랑스럽게 생각하고 지켜 나가야 할 소중한 유산이에요.

6

헌법을 바꾸는 건 어려울까?

교수님 말씀을 듣고 보니 갑자기 가슴이 뿌듯해지네요. 그런데 '제헌 헌법이 여러 차례 개정을 거쳐 지금에 이르렀다'고 하셨잖아요? 원래 헌법은 막 바꾸면 안 되는 거 아닌가요? 지금 우리나라 헌법은 몇 번째 헌법이에요?

헌법은 나라의 뼈대가 되는 법이니 당연히 마구 바꾸면 안 되겠죠. 그래서 법률보다는 바꾸는 절차를 까다롭게 해 놓았어요. 우리나라의 경우 법률이 정해지려면 국회 의원 재적 과반수 출석에, 출석 의원 과반수의 찬성이 있어야 해요. 하지만 헌법은 국회 재적 의원 3분의 2 이상의 찬성이 있어야 돼요. 현재 우리나라 국회 의원의 수가 300명이니까 법률의 제정에는 151명 출석에 76명의 찬성이 최소 통과 요건이라고 할 수 있는데, 헌법의 경우는 최소 200명의 국회 의원이 찬성해야 하는 셈이니 훨씬 까다로운 조건이라고 할 수 있죠. 게다가 헌법 개정안은 국회를 통과한 후에 국민 투표도 거쳐야 해요.

이렇게 헌법 개정 과정이 법률을 만드는 과정보다 까다롭게 규정되어 있는 경우를 한자로 딱딱할 경(硬) 자를 써서 '경성 헌법'이라고 해요. 반면 헌법 개정 절차가 법률 제정 절차와 동일하면 상대적으로 쉽게 바꿀 수 있는 헌법이라서 부드러울 연(軟) 자를 써서 '연성 헌법'이라고 하죠.

우리나라 헌법은 1948년 제헌 헌법이 만들어진 후 아홉 번의 개정 과정을 거쳤어요. 현행 헌법은 1987년에 개정된 제9차 개정 헌법이죠. 제헌 헌법부터 횟수로 따지면 10번째 헌법이고요. 1987년 전까지 약 40년간 9개의 헌법이 있었으니 대략 헌법의 수명이 4.4년 정도 된 셈이에요. 이렇게 보면 우리나라 헌법이 정말 자주 바뀐 셈이죠?

“권력을 연장하려고 헌법을 바꾸다니...”

사실 헌법이 바뀌는 것 자체는 잘못된 것이 아니에요. 요즘 세상은 변화의 속도가 정말 빠르잖아요. 사회적으로 차별을 더 심각한 문제로 생각하게 되었고, 복지 문제에 대한 관심도 높아지고 있고, 앞으로 다문화 사회에 대비해야 하는 부분도 있어요. 그래서 사회의 변화에 맞추어 헌법이 바뀌는 것은 당연한 일이라고 할 수 있지요. 미국도 1787년에 만들어진 헌법이 지금까지 한 번도 안 바뀌었다고 하지만 중요한 내용들을 그때그때 수정해서 덧붙이는 '수정 헌법 조항'들을 활용하고 있는데 지금까지 그 숫자가 27개나 되거든요. 독일 헌법의 경우는 1949년에 제정된 이래 40번이나 개정되기도 했고요.

개정의 횟수보다 중요한 것은 개정된 이유라고 할 수 있어요. 우리나라는 아홉 번의 헌법 개정 가운데 여섯 차례 정도가 집권자가 자신의 권력을 연장하기 위해 억지로 헌법을 바꾸었던 것이기 때문에 문제가 있지요. 이승만 대통령이 임기를 연장하기 위해 자신은 몇 번이라도 대통령을 할 수 있도록 헌법을 고친 2차 개헌이나 박정희 대통령이 정부에 대한 비판을 막기 위해 했던 7차 유신 헌법 개정 등이 대표적인 사례예요.

하지만 이렇게 잘못된 과정을 되돌리기 위해 시민들이 일어섰던 4·19 혁명이 3차 개헌을 가져오고, 87년 6월 민주 항쟁이 현행 9차 개정 헌법으로 열매를 맺었던 것처럼 헌법 개정을 통해 우리 사회는 건강한 민주 국가로 다시 태어났어요. 현행 9차 개정 헌법은 87년 이후 30년 넘게 우리 사회를 든든하게 떠받치는 기둥으로 자리 잡고 있답니다.

7 헌법을 어겨도 감옥에 갈까?

우리 헌법을 정말 소중하게 생각하고 잘 지켜 나가야겠어요. 그런데 좀 우스운 질문일 수 있지만, 이렇게 중요한 법이니 헌법을 어기면 다른 법을 어기는 것보다 훨씬 큰 처벌을 받겠죠? 그렇게 생각하니 헌법이 약간 무서워지기도 해요.

하하, 우스운 질문이라고 했지만 정말 중요한 질문을 해 주었어요. 먼저 이해해야 할 부분은 법의 종류에는 '공법'과 '사법'이 있다는 점이에요. '공법'은 공적인 일에 관련된 법, 그러니까 국가 기관 사이의 관계나 국가 기관과 개인 사이의 일을 규율하는 법이에요. 헌법, 형법, 행정법 등이 여기에 속하죠. 예를 들어 시청이나 구청 같은 공공 기관에서 길을 만들다가 개인의 건물에 피해를 입히는 문제가 발생했다면 행정법에 근거해서 배상을 요구할 수 있어요. 이에 비해 '사법'은 개인과 개인 사이의 일을 규율하는 법으로 민법이 대표적이에요.

이 두 영역은 명확히 구분되는 것이라서 어떤 사람이 다른 사람에게 돈을 빌렸는데 갚지 못했다고 해도 무조건 감옥에 가는 것이 아니에요. 기본적으로는 개인과 개인 사이의 문제이므로 민사소송을 통해서 돈을 받는 것에서 끝날 문제지만, 만약 돈을 빌린 사람이 처음부터 돈을 안 갚을 생각으로 속여서 돈을 빌렸다면 '사기'에 해당하기 때문에 형법으로 처벌받을 수도 있어요. 즉, 어떤 문제가 공법적 문제인지 사법적 문제인지를 구분하고 여기에 맞는 법을 적용하는 것이 올바른 순서예요.

요즘 식당이나 카페에 아이들을 데리고 들어올 수 없도록 하는 '노키즈존'(No Kids Zone)이 늘어나고 있어요. 아마 아이들이 시끄럽게 뛰어다니면 조용하게 식사를 하고 커피를 마시려는 사람들에게 방해가 되기 때문에 어른들만 입장이 가능하도록 제한하는 것 같아요. 하지만 아이들을 데리고 갈 곳을 찾는 부모의 입장에서 보면 이런 제한이 불편할 수밖에 없어요. 특히 들어가는 것에 제한을 받는 어린이들의 입장에서는 이건 우리나라 최고의 법인 헌법에 보장되어 있는 '평등권'을 어기는 잘못된 일이라고 생각할 수 있어요. 어른과 아이를 차별하는 일이니 말이죠.

"헌법은 법률을 통해 개인에게 영향을 미쳐"

자, 앞에서 설명했던 '법의 종류'에 따라 노키즈존 문제를 생각해 보죠. 이 문제는 기본적으로 카페의 주인과 손님 사이의 개인적인 거래 관계에 관련된 문제이니 사법적 문제로 봐야겠죠? 또 헌법은 공법이기 때문에 직접적으로 헌법상의 평등권을 적용해서 노키즈존이 헌법 위반이라고 보기는 어려울 거예요. 하지만 많은 사람들이 노키즈존은 사회적으로 받아들여질 수 없는 지나친 차별이라고 생각한다면 헌법상의 평등권을 바탕으로 '노키즈

존 금지 법률'을 만들 수도 있을 거예요. 헌법이 직접 개인을 처벌하는 것은 아니지만 헌법 정신을 바탕으로 새로이 법률이 만들어져서 평등권을 침해한다고 여겨지는 행위들을 막을 수 있는 거죠.

예를 들어 택시 운전기사가 승차를 거부할 경우도 노키즈존처럼 개인 간의 문제로 볼 수 있지만, '택시 운송 사업법'에 승차 거부를 할 수 없도록 되어 있기 때문에 정당한 사유가 없는 승차 거부라면 문제를 제기할 수 있어요. 인종이나 성별, 장애를 이유로 한 차별도 당연히 여러 법률들을 통해 금지되어 있고요. 헌법은 개인의 생활에 직접 개입하는 것은 아니지만 이렇게 개별 법률들을 통해 간접적으로 영향을 미친답니다.

2장

헌법의 뼈대와 기본권

헌법 전문의 역할은?

이제 헌법 내용을 본격적으로 들여다보려고 해요. 어, 헌법에는 '전문'이라는 게 나오네요. 여기부터 헌법이 시작되는 거 맞나요? 법은 원래 1조, 2조 이렇게 번호가 붙어 있어야 하는 거 아니에요? 이것도 헌법이에요?

'전문'은 한자로 앞 전(前) 자를 쓰고 있어요. 말 그대로 풀자면 본문의 앞에 오는 문장이라는 뜻이죠. 책도 펼쳐 보면 앞에 '서문' 같은 게 있잖아요. 그와 비슷한 거라고 생각하면 돼요. 책의 서문은 잘 안 읽고 넘겨 버리는 경우가 많잖아요. 그래서 대개는 본문에서부터 책의 진짜 내용이 시작된다고 생각하는 게 일반적이죠. 하지만 헌법의 전문은 헌법의 일부일 뿐 아니라 아주 중요한 내용을 담고 있기 때문에 잘 읽어 두어야 해요.

이렇게 생각해 볼까요? 여러분이 '헌법'이라는 책을 집필하는 작가라고 상상해 보세요. 현행 헌법은 130개나 되는 조문으로 이루어져 있어요. 민법은 조항이 천 개가 넘으니까 그보다는 훨씬 적다고 할 수 있지만 헌법도 얇은 책 한 권 분량이니 한눈에 내용을 다 파악할 수 있는 건 아니죠. 그런데 여러분이 책을 다 쓰고 나서 생각하니 이 책이 어떤 의도로, 어떤 방향성을 가지고 쓰인 것인지 독자들이 잘 이해하지 못하거나 심지어 오해하면 어쩌나 하는 생각이 드는 거예요. 책의 일부만을 떼 내어서 해석하면 엉뚱하게 이해될 여지도 있으니까요. 그래서 책 맨 앞에 내가 이 책을 왜 썼고, 이 책의 내용은 대강 이런 거고, 독자들이 이러이러한 의미로 받아들여 주면 좋겠다고 서문을 덧붙이는 거예요.

전문은 헌법 전체의 방향을 제시

헌법의 전문이 이와 비슷한 기능을 해요. 즉, 대한민국이 지향하고 있는 가치가 어떤 것이고, 우리 헌법의 핵심적인 원리가 무엇인지를 밝혀서 뒤에 나오는 헌법 전체의 방향을 제시하는 역할을 하는 거죠. 그러니 당연히 전문은 헌법의 일부이고 헌법 조항들을 해석하는 기준의 역할을 하기 때문에 아주 중요해요. 그래서 헌법 전문은 '개정이 불가능한 조항'이라고 말하기도 해요. 문장이나 표현에 손을 대면 안 된다는 뜻이 아니고 전문에 담긴 가치관, '대한민국은 민주 공화국이다'라는 큰 지향점을 바꿀 수는 없다는 거죠.

프랑스 헌법 전문 프랑스 국민은 1789년 인권 선언에서 정의되고 1946년 헌법 전문에서 확인 및 보완된 인권과 국민 주권의 원리, 그리고 2004년 환경 헌장에 정의된 권리와 의무를 준수할 것을 엄숙히 선언한다. 프랑스 공화국은 상기의 원리들과 각 국민의 자유로운 결정에 따라, 공화국에 결합하기를 희망하는 해외 영토들에게 자유·평등·박애의 보편적 이념에 기초하여 그들의 민주적 발전을 위해 구상된 새로운 제도들을 제공한다.

절대로 그런 일이 있으면 안 되겠지만 만약 언젠가 우리 헌법에 대한민국이 독재 국가라든가 군주 국가라고 내용을 바꾸어 넣게 되면, 그때는 헌법이 개정되는 것이 아니라 이제까지 존재했던 대한민국이라는 나라가 없어지고 완전히 다른 나라가 되는 거예요. 그러니 기존의 헌법이 폐지되고(어려운 말로 '폐제'라고 해요) 새 헌법이 만들어지는 것으로 봐야 한다는 뜻이죠. 그래서 1948년 제헌 헌법 이래로 전문의 내용들은 조금씩 바뀌어 왔지만 대한민국이 국민이 주인이 되는 민주 공화국이라는 기본 정신은 그대로 이어져 왔어요.

헌법 전문은 그리 길지 않은 내용이니 한번 꼼꼼하게 읽어 보세요. 그리고 거기에 담겨 있는 우리 헌법의 기본 원리들에도 줄을 쳐 보세요. 학자들에 따라 5가지 혹은 6가지 정도로 이야기하는데 여러분도 충분히 다 찾아낼 수 있을 거예요. 여기서 문제! 헌법 전문은 몇 개의 문장으로 되어 있을까요? 199쪽을 펼쳐서 헌법 전문을 읽으며 세어 보세요. 아마 깜짝 놀랄걸요.

9

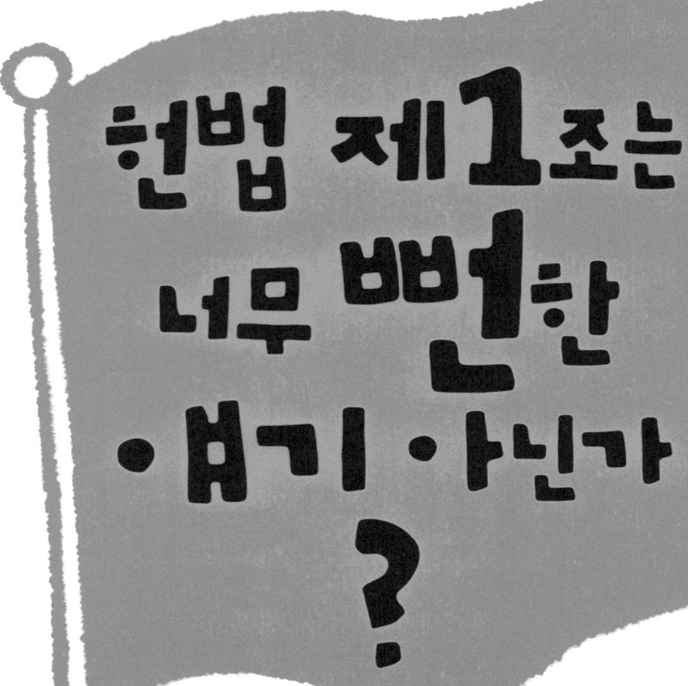
헌법 제1조는
너무 뻔한
얘기 아닌가
?

그럼 드디어 헌법 본문으로 들어가 볼까요? 그런데 '제1장 총강' 이라고 되어 있네요. '총강'이 뭐예요? 한자 좀 안 쓰면 안 되나요? 1조는 저도 알아요! '대한민국은 민주 공화국이다'죠? 너무 뻔한 내용인데 굳이 헌법 조항으로 써 놓을 필요가 있을까요?

먼저 헌법의 구조를 조금 설명드릴게요. 현행 9차 개정 헌법은 130개의 조항으로 구성된 본문과 부칙으로 이루어져 있어요. 본문은 10개의 '장'으로 구성되어 있고, 장 밑에는 '절', 절 밑에는 '관'이 있는데 그 아래에 헌법 조문들이 담겨 있어요. 내용 구분이 필요 없는 경우는 장 밑에 바로 조문이 나오기도 하고요. 제1조, 제2조와 같은 '조' 아래에 다시 원문자로 ①, ② 이렇게 쓰여 있는 부분을 '항'이라고 해요. 그래서 정확히 말하자면 '대한민국은 민주 공화국이다'는 제1조 1항에 해당하는 내용이죠.

'총강'(總綱)에서 '강'(綱)은 '벼리 강'이라는 한자예요. '벼리'는 그물의 테두리를 둘러싸고 있는 굵은 줄이에요. 물고기를 잡으려고 그물을 던진 다음에 그물을 오므리려면 테두리의 줄을 세게 잡아당겨야 하잖아요. 그러다 보니 이 벼릿줄은 쉽게 끊어지지 않도록 가장 튼튼하고 굵은 줄로 만들어요. 그물의 뼈대가 되는 틀과 같은 거죠. 그러니까 '총강'은 '헌법의 전체적인 틀'이라고 이해하면 될 거예요. 개별적인 권리와 제도에 관한 내용을 이야기하기에 앞서 대한민국의 정치적 성격과 국민, 영토, 주권에 관한 전체적인 내용을 다루고 있는 장이죠.

제1조 1항의 '대한민국은 민주 공화국이다'라는 말이 뻔하지 않느냐고 질문해 줘서 사실 좀 기쁘기도 했어요. 왜냐면 우리나라가 민주 공화국이다, 민주 공화국이라야 한다는 믿음이 모든 국민들에게 상식으로 자리 잡았다는 뜻이니까요. 돌이켜 생각해 보면 국민이 주인이 되는 민주 국가, 선거를 통해 대표를 선출해서 정치를 꾸려 나가는 공화정은 그리 오래된 일이 아니에요. 앞서 마그나 카르타가 최초의 헌법적 성격을 지닌 문서라고 했지만 실제로 마그나 카르타를 바탕으로 영국이 입헌 군주정의 길에 들어선 것은 1688년 명예혁명 이후라고 할 수 있어요. 여기에 공화정까지 결합된 형태는 1776년 독립 선언을 했던 미국에 와서야 실현된 것이니 기껏해야 2백년 남짓밖에 안된 일이거든요.

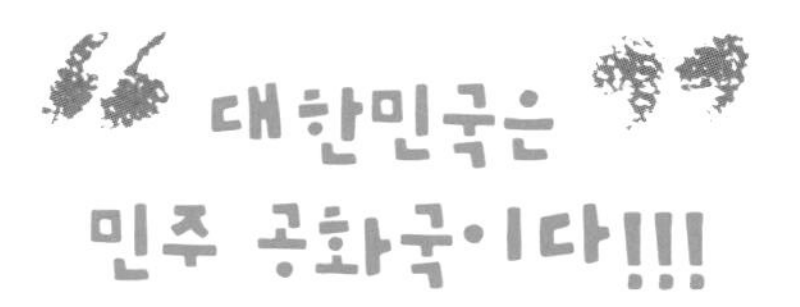

우리나라도 마찬가지예요. 불과 백여 년 전까지만 해도 우리나라는 조선, 그 뒤를 이은 대한 제국이라는 봉건제 왕조 국가였잖아요. 1919년 3·1 운동은 비록 일본을 몰아내는 결과에까지 이르지는 못했지만 전국의 민중들이 모두 일어나 한마음으로 새로운 국가의 건설을 열렬하게 요구했다는 점에서, 서양의 시민 혁명처럼 우리나라도 시민의 힘을 바탕으로 한 국가를 세울 수 있겠다는 자신감을 갖게 한 역사적인 사건이었어요. 우리 헌법 전문에 3·1 운동의 정신을 계승한다고 명시해 놓은 이유도 여기에 있지요. 이 힘을 바탕으로 불과 한 달 후인 1919년 4월 중국 상하이에서 만들어진 임시 정부에서는 독립운동의 방향이 과거 조선 왕조로 돌아가는 것이 아닌 근대적인 민주 국가를 세우는 것임을 분명히 하는 게 무엇보다 중요하다고 생각했어요. 그래서 급하게 임시 헌법을 만들면서 맨 첫머리에 '대한민국은 민주 공화국이다'라고 도장을 꽝 찍은 거죠.

사실 다른 나라의 헌법에서는 이런 조항을 발견하기 어려운데 우리나라의 경우는 아홉 번의 개정 과정에서도 이 첫 번째 조항만은 변함없이 그대로 이어져 오고 있어요.

앞으로도 질문해 준 학생처럼 우리 국민들이, 후손들이 꾸준히 '에계, 대한민국은 민주 공화국이라는 거 너무 뻔한 거 아냐?' 라고 생각해 줬으면 좋겠어요. 민주주의는 국민 모두의 믿음과 애정이 바탕이 되었을 때만 존재할 수 있는 아주 연약하고 소중한 정치 체제니까요.

10

제3조와 제4조의 내용이 모순된다고?

헌법을 잘 안다고 으스대는 친구가 있는데 저에게 “야, 우리나라 헌법에 앞뒤가 안 맞는 내용이 있는 거 아냐? 3조하고 4조가 모순이야, 모순. 대한민국 국민이라면 이런 건 상식이지.”라고 큰소리치더라고요. 정말 헌법에 앞뒤가 안 맞는 내용이 있나요?

먼저 헌법 제3조와 제4조의 내용을 살펴볼까요? 헌법 제3조의 내용은 ‘대한민국의 영토는 한반도와 그 부속 도서로 한다’라고 되어 있고 제4조는 ‘대한민국은 통일을 지향하며, 자유 민주적 기본 질서에 입각한 평화적 통일 정책을 수립하고 이를 추진한다’라고 되어 있어요. 얼핏 보면 당연한 이야기들 같지만 자세히 살펴보면 앞뒤가 안 맞는 부분이 있어요.

제3조대로 우리나라의 영토가 한반도 전체라고 한다면 당연히 북한 땅도 우리 땅, 대한민국의 영토인 거잖아요. 즉, 북한은 독립적인 국가가 아니라 우리 땅을 무단으로 점거하고 있는 반란 집단이 되는 거죠. 그런데 제4조에서는 통일을 이야기하는데 통일이 국가와 국가 간의 결합을 의미하는 것이라면 북한을 대한민국과 동등한 국가로 인정한다는 뜻이 돼요. 북한의 실체에 대해서 제3조에서는 국가가 아니라고 했다가 제4조에서는 국가라고 인정하는 셈이 되었으니 앞뒤가 안 맞는다고 볼 수 있는 거죠.

이런 조항들이 생긴 데는 나름의 역사적 이유가 있어요. 제3조는 1948년 제헌 헌법 때부터 있던 조항이에요. 당시는 38선을 중심으로 남과 북이 나뉘어서 이미 북한에는 공산 정권이 수립되어 있던 상황이라 어떤 정부가 합법적인 정부로 국제 사회에서 인정받을 것인지를 다투던 시절이었어요. 우리 입장에서는 남한 정부가 한반도에서 유일한 합법 정부라는 점을 널리 선언할 필요가 있었기 때문에 '한반도와 여기에 속한 섬들이 모두 우리 영토다'라고 분명히 밝혔던 거죠.

사실 헌법에 영토 조항이 들어가는 것은 다른 나라와 비교해 보면 예외적인 일이긴 해요. 왜냐면 혹시 나중에 우리나라의 영토가 늘어날지도 모르는데 저렇게 헌법에 딱 제한을 해 놓으면 '위헌'이 될 수도 있잖아요. 한반도가 어디까지인지, 부속 도서는 어디까지인지 경계가 애매한 부분도 있고요.

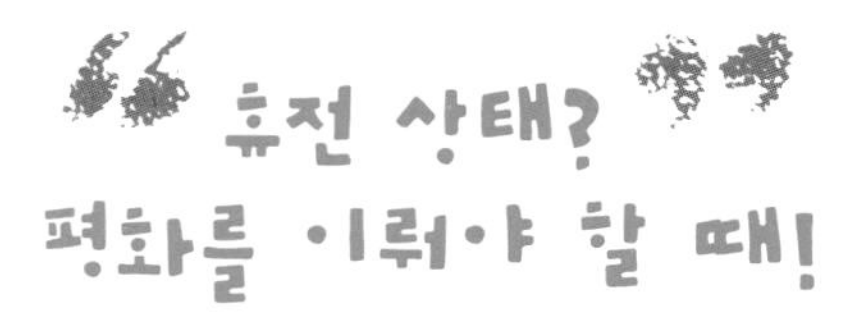

이에 비해 제4조는 9차 개정 헌법, 그러니까 현행 헌법에 와서 생긴 거예요. 1987년 6월 민주화 운동을 계기로 새롭게 헌법이 만들어지던 시점에서 이제 남한과 북한이 대립하며 서로 상처만 주던 시대를 넘어서서 교류와 협력을 통해 평화를 이루어야 할 때라는 국민적 공감을 바탕으로 추가된 조항이죠. 이 조항 덕분에 남과 북 사이에 여러 협력 사업에 대한 법적 기반이 만들어졌고

정상 회담까지 이루어질 수 있었어요.

얼핏 보면 서로 논리적으로 충돌하는 조항이라는 지적은 맞아요. 하지만 그건 현재 우리 대한민국과 북한의 관계가 여전히 직접 총부리를 맞대고 있는 적대적 휴전 상황이지만, 동시에 어떻게든 화해하고 협력해서 평화를 함께 만들어 가야 하는 한민족이라는 현실의 모순이 반영되었기 때문이 아닐까 해요. 그러니 남과 북이 더 이상 적대시하지 않는 상태가 되면 헌법 조문 상의 모순도 자연스럽게 해소되겠죠. 그런 날이 빨리 찾아왔으면 좋겠네요.

11

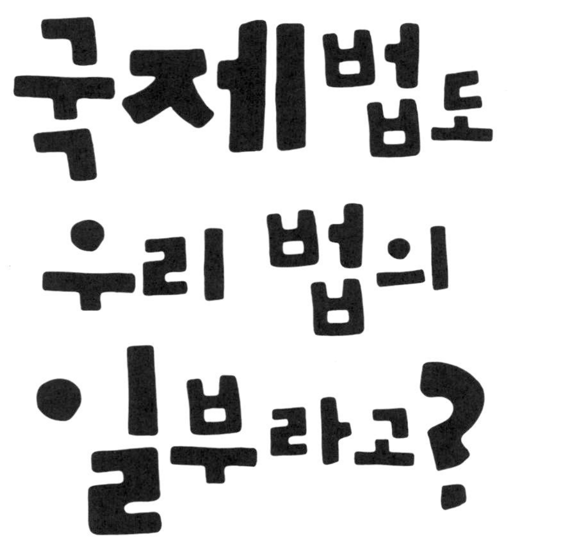
국제법도
우리 법의
일부라고?

우리 헌법은 우리나라만의 문제라고 생각했는데 다른 나라에 우리의 입장을 선언하는 의미도 갖는 것이로군요. 그런데 제6조에 보면 국제법이 나오는데, 국제법과 헌법 중 어느 법이 더 위에 있나요?

먼저 국제법이 뭔지에 대해 간단히 설명해야 할 것 같아요. 여러분은 아마 헌법, 형법, 민법처럼 국제법이라는 단일한 법전이나 내용이 따로 정해져 있을 거라고 상상하시겠지만 국제 사회는 기본적으로 중앙 정부도 없고 법을 만들거나 강제할 힘도 없는 '국가들의 모임'에 가까운 거예요. 그래서 국제 사회에서 서로 존중하고 지키기로 약속한 원칙들을 모아서 국제법이라는 이름으로 부르는 거예요.

그럼, 어떤 것이 국제법에 해당할까요? 가장 우선적으로는 국가 간에 맺은 '조약'이겠죠? 조약을 맺는 것은 대통령이나 총리 개인의 약속이 아니라 국가와 국가 사이의 공식적인 행위이기 때문에 해당 국가에서는 법률과 같은 강제성을 부여해서 꼭 지키도록 되어 있어요. 하지만 이런 조약은 조약을 맺은 당사국만 규율할 수 있고 조약의 개수 자체도 그리 많지 않아서 국제 사회에서 벌어지는 다양한 문제들에 대응하기 어려워요. 그래서 A와 B라는 두 나라가 맺은 조약이 국제적으로 널리 알려진다면 C, D, E 같은 다른 나라들도 문제가 생겼을 때 이 조약의 내용을 참고해서 해결하게 될 거예요. 이런 것을 '국제 관습'이라고 해요.

예를 들어 전쟁에서의 인도적 대우에 대한 기준을 세운 '제네바 협약'은 1864년 처음 만들어졌을 때는 조약 당사국이 12개밖에 되지 않았지만, 이후 전쟁이 터질 때마다 이 협약을 기준으로 포로나 부상자에 대한 처우를 주장하게 되면서 보편적인 국제 규범으로 자리 잡았어요.

우리 헌법 제6조에서 '헌법에 의하여 체결·공포된 조약과 일반적으로 승인된 국제 법규는 국내법과 같은 효력을 가진다'고 말한 것은 조약과 국제 관습이 국내법처럼 강제성을 인정받는다는 내용이에요. 그래서 이 내용은 국제법과 헌법 가운데 어느 법이 더 위에 있다, 밑에 있다는 위계를 설명하는 것이 아니라 우리나라도 국제 사회의 일원인 만큼 국제법의 일반적인 원칙을 지키겠다는 의지를 밝힌 거예요.

"페루의 보물을 싣고 콜롬비아 바다에 침몰한 스페인 군함의 소유권은?"

이왕 국제법 이야기가 나왔으니까 조금 재밌는 사례를 하나 얘기해 볼까요? 1708년 스페인 군함 산호세호는 보물을 싣고 스페인으로 돌아가다가 영국 해군의 공격을 받고 콜롬비아 북부의 항구 도시 카르타헤나 앞바다에서 침몰해요. 여기에 실려 있던 보물은 최대 170억 달러, 우리 돈으로 무려 19조 원에 해당하는 엄청난 가치가 있을 것으로 추정되어서 일확천금을 노리는 사람들이 오랜 세월 동안 수색을 거듭했어요. 마침내 1981년 미국 수중 탐사 업체인 시서치아르마다(SSA)가 이 배를 발견했다고 발표하고 소유권을 주장해요. 하지만 콜롬비아의 바다에서 발견된 보물이니 소유권도 콜롬비아에 있다며 콜롬비아 정부가 소송을 제기했지요. 2007년 콜롬비아 대법원은 SSA와 정부가 절반씩 보물을 나누어 가지라는 판결을 내렸지만 콜롬비아 정부는 이 판결을 받아들이지 않고 독자적으로 배의 위치를 추적하기 시작해요.

이 사건이 외신을 통해 보도되자 이번엔 스페인 정부가 소유권을 주장하고 나섰어요. 배도 스페인 소유이고 당시 가라앉아 죽은 선원 6백 명도 모두 스페인 사람들이니 당연히 스페인이 소유권을 가져야 한다는 것이었죠. 그랬더니 이번엔 페루에서 들고 일어났어요. 이 배에 실린 보물의 대부분은 고대 페루 왕국의 유물을 스페인이 약탈한 것이니 당연히 페루가 보물의 원주인으로 인정받아야 한다는 주장이었어요.

혼돈의 와중에 수십 년간 탐사를 거듭하던 콜롬비아 정부가 2015년 마침내 독자적으로 보물선의 위치를 파악하고 인양을 선언하면서 논쟁은 더욱 확대되었어요. 민간 업체를 선정해서 보물을 건져 올리겠다는 계획이었는데 보물의 소유권에 대한 여러 나라의 주장들이 다시 목소리를 높였죠. 그 와중에 이번엔 유네스코에서 단순히 보물을 건지겠다는 목적으로 배를 파헤치다가 문화적 가치가 높은 유산을 훼손해서는 안 된다며 인양에 반대하는 서한을 콜롬비아 문화부에 보내서 일은 더욱 복잡해졌어요. 결국 콜롬비아 정부는 인양 계획을 중단했고 현재까지 이 보물선의 위치는 비밀에 부쳐져 있는 상태랍니다.

보물을 찾기만 하면 부자가 될 것 같았는데 법적으로 소유권을 따지는 문제는 더 어렵고 복잡한 일이죠? 따지고 보면 모든 물건에는 원래 소유자가 있게 마련이니 '공짜 보물'이란 없는 게 당연할지도 몰라요. 국내법은 내용도 명확하고 법원에서 판결이 나오면 그에 따라 문제가 척척 해결되는 데 반해 국제법은 기준도 애매하고 국가 간의 갈등이다 보니 결론이 나와도 그대로 집행되지 않는 경우도 많아서 더 복잡해요.

왜 모든 인간이 다 존엄하다는 걸까?

여러 조문들 중에서 그래도 제일 익숙한 것이 제10조였어요. 그런데 가만히 생각해 보니 제10조가 오히려 점점 더 어렵게 느껴지더라고요. '모든 국민은 인간으로서의 존엄과 가치를 가지며'라고 되어 있는데 왜 모든 인간이 존엄하다는 거죠? 흉악한 범죄자도 존엄한가요?

맞아요. 헌법을 오래 공부해 온 제 입장에서도 제일 어려운 조항은 제10조 '인간의 존엄성' 관련 조항인 것 같아요. 동시에 가장 중요한 조항이라는 생각도 들고요. 차근차근 설명해 드릴게요.

제1조에 분명하게 밝혀 놓았듯이 우리나라는 민주주의를 기본 원칙으로 하고 있어요. 그런데 민주주의가 뭐죠? 모든 국민이 주인이 되는 정치 원칙이잖아요. 사람들은 저마다 다른 모습과 생각, 능력을 갖고 있어요. 키가 큰 사람도, 작은 사람도 있고 운동을 잘하는 사람도, 못하는 사람도 있죠. 모든 국민이 주인이 된다는 말은 이 모든 사람들이 공동체의 주인으로서 권리를 행사할 수 있어야 한다는 뜻인데, 민주주의에는 이보다 한걸음 더 나아간 개념이 숨어 있어요. 바로 그 권리의 수준이 모든 사람들에게 '똑같다'라는 것이죠.

민주주의의 대표적인 제도인 선거 제도를 생각해 보면 금방 알 수 있어요. 선거에 참여해서 투표를 하기 위해 필요한 유일한 조건은 여러분이 일정한 연령에 이르렀는지 뿐이에요. 만 19세를 넘기만 했다면 누구나 대한민국의 주인으로서 선거에 참여할 수 있죠. 그런데 누구나 참여할 수 있을 뿐 아니라 행사할 수 있는 표도 똑같이 한 표씩이라는 점에 주목해 볼 필요가 있어요. 돈 많은 사람이라고 해서 세 표를 주거나 학교 다닐 때 공부를 못했다고 해서 반 표만 주는 게 아니라 똑같이 한 표씩이라는 거죠. 이건 얼핏 보면 아주 평등하고 좋은 제도 같지만 궁금증 많은 누군가가 이렇게 질문할 수도 있어요.

"이건 좀 이상한데요. 더 현명하고 지식도 많은 사람이 올바른 결정을 내릴 가능성이 높으니 결정권을 좀 더 줘야 하는 거 아닌가요? 그리고 저 사람은 과거에 범죄 경력도 있고 우리나라에 대해서 항상 나쁜 말만 하던데, 저 사람에게도 똑같은 투표권을 주면 우리나라가 망하게 될 수도 있지 않나요?"

상식적으로 보자면 이 말이 맞을 거예요. 일제 강점기에 목숨을 걸고 독립운동을 했던 분과 친일파로 나쁜 짓만 하면서 재산을 모은 사람이 해방 후에 모두 대한민국 국민이 되었다는 이유로 똑같이 한 표씩 행사하게 되었다면 정말 불공정한 일이겠죠. 하지만 달리 생각해 보면 어떤 사람이 더 많은 표를 행사할 자격을 갖추었는지 누가 어떤 기준으로 판단할 수 있을까요? 그리고 만약 그런 능력을 바탕으로 누군가에게 더 큰 권리를 부여한다면 그건 특권을 통해 새로운 계급을 만들어 내는 일이 될 수도 있지 않을까요? 우리 사회의 주인은 모든 사람인 건 맞지만 어떤 사람은 더 큰 힘을 가진 주인이고 다른 사람들은 그렇지 않다는 것을 인정하는 것이나 마찬가지이니 말이죠.

‘인간’이라는 이유만으로 존중받아야 해

이렇게 생각해 보면 민주 사회에서 주인 된 권리, 보호받고 존중받을 자격에 관련된 조건은 단 하나, 그 사람이 ‘인간’이라는 점 외에는 달리 생각할 수 없을 거예요. 그 사람이 공부를 잘하건 못하건, 장애를 가졌건 아니건 오로지 ‘인간’이라는 이유만으로 존중받고 권리를 인정해야 한다는 것이죠. 인간으로 태어나는 순간 누구나 갖게 되는 이런 권리를 태어나면서부터 획득한다고 해서 ‘생득권’(生得權), 또는 다른 사람이 부여하지 않아도 당연히 부여되는 권리라는 의미로 ‘자연권’ 혹은 ‘천부 인권’이라고 불러요. 귀족과 노예, 양반과 상놈으로 구분되던 신분제의 세상은 자연권에 대한 사람들의 인식과 함께 무너지고 비로소 누구나 주인이 되는 민주주의가 가능해지게 됐어요. 이 권리들을 헌법에 풀어 담아 놓은 것이 바로 인간의 존엄성이에요.

그러니 인간의 존엄성은 민주 국가의 가장 뿌리가 되는 핵심적인 사상이라고 할 수 있죠. 만약 우리 헌법 130개 조 중에서 가장 중요한 조항 하나만을 꼽으라고 한다면 저는 인간의 존엄성을 선언하고 있는 제10조를 선택할 것 같아요. 그래서 헌법 제1조에 인간의 존엄성을 담고 있는 국가들도 있어요. 대표적인 나라가 제2차 세계 대전, 히틀러의 인종 학살 등 아프고 부끄러운 과거를 지니고 다시 태어난 독일의 헌법이죠. 독일 헌법의 제1조를 우리 헌법의 제10조와 비교해서 읽어 보세요.

독일 헌법

제1조 인간의 존엄성은 침해되지 아니한다. 모든 국가 권력은 이 존엄성을 존중하고 보호할 의무를 진다.

대한민국 헌법

제10조 모든 국민은 인간으로서의 존엄과 가치를 가지며, 행복을 추구할 권리를 가진다. 국가는 개인이 가지는 불가침의 기본적 인권을 확인하고 이를 보장할 의무를 진다.

13
기본권에도 종류가 있나?

10

헌법 제10조를 다시 읽어 보니 왠지 뿌듯하네요. 우리나라는 모든 사람들의 존엄성을 보장하는 멋진 나라구나 싶어요. 이 뒤로 이어지는 헌법 조항들에는 여러 가지 권리가 나오는데, 권리의 종류가 너무 많아서 좀 헷갈려요. 권리들도 어떤 기준을 가지고 분류해 볼 수 있나요?

권리의 종류를 나누는 데는 여러 가지 기준이 있을 수 있지만 국가와 개인의 관계를 중심으로 생각해 보면 어떨까 해요. '권리'(權利)의 한자를 살펴보면 '권력으로 이익을 구한다'로 풀어 볼 수 있어요. 나 자신의 어떤 이익을 얻으려고 뭔가를 주장하고 요구하는 모습이 떠오르죠. 봉건 국가에서 민주 국가로 넘어오던 시기에 사람들은 무엇을 주장하고 요구했을까요?

국가에서 이런 건 사고팔면 안 된다, 마음대로 여행 다니지 마라, 신분이 다른 사람하고는 결혼하지 마라 등등 여러 가지 제약을 가하는 일들에 대해 제발 좀 간섭하지 말고 그냥 놔두라는 요구가 가장 컸습니다. 특히 시민 혁명을 주도했던 부르주아들은 상업이나 공업에 종사하는 사람들이 많았기 때문에 자유로운 상거래, 그리고 그렇게 해서 내가 모은 재산에 대해 국가나 다른 사람들이 함부로 손을 대지 못하도록 하는 재산권의 보장이 중요한 문제였어요. 이렇게 간섭받지 않고 스스로의 의지대로 살아갈 수 있는 권리를 통틀어서 '자유권'이라고 불렀어요. 신체의 자유, 재산의 자유, 사상의 자유 등 다양한 자유권들은 여기에서 파생되어 나온 권리들이죠.

그런데 이렇게 자유롭게 살기 위해서는 국가가 나서서 어떤 사람에게만 권리를 더 주거나 혹은 덜 주거나 하는 일도 없어야겠죠? 그래서 '평등권'도 함께 등장하게 돼요. 이런 권리들은 모두 국가가 개인의 삶에 최대한 개입하지 않아야 한다는 주장을 담고 있기 때문에 국가로부터 멀어져야 한다는 의미에서 '국가로부터의 권리'라고 하고, 국가에 무언가를 요구하지 않는 권리이기 때문에 '소극적 권리'라고도 해요.

이렇게 국가에 뭔가를 요구하지는 않더라도 국가가 개인의 삶을 침해하려 한다면 그걸 막을 수는 있어야겠죠? 그래서 정치에 참여할 권리인 '참정권'을 통해 국가를 통제하죠. 참정권을 '국가에의 권리' 혹은 '능동적 권리'라고 불러요. 이 권리들은 시민 혁명이 벌어지던 근대에서부터 주장된 권리들이기 때문에 '근대적 권리'로 구분해요.

'근대적 권리'가 있다면 '현대적 권리'도 있겠죠? 시간이 지나면서 사회가 복잡해지고 국가의 규모도 커지다 보니까 국가가 마냥 물러서서 뒷짐만 지고 있을 것이 아니라 좀 더 적극적으로 사람들을 도와주고 여러 가지 역할을 해야 한다는 요구들이 커지게 돼요. 건강을 지키고, 교육을 받고, 기본적인 생계를 유지할 수 있도록 하는 등의 지원을 통해 인간다운 삶을 살 수 있도록 국가에 요구할 수 있는 권리들을 '사회권'이라고 불러요. 직접적으로 국가에 손해를 배상해 달라거나 재판을 받도록 해 달라는 등의 요구를 할 수 있는 '청구권'도 있죠. 이런 현대적 권리들은 앞서의 근대적 권리들과 달리 국가가 적극적으로 나서서 여러 가지 일을 해야 하는 것이기 때문에 '적극적 권리' 또는 '국가에 의한 권리'라고 해요.

자유권이나 평등권은 헌법 혹은 법률에 일일이 내용을 다 적어 놓을 수 없어요. 마음대로 숨 쉬어도 되는 권리, 기침해도 되는 권리 등 자유와 관련된 내용들은 너무 광범위하잖아요. 그래서 법에서 하면 안 된다고 제한해 놓은 것을 빼고는 뭐든 할 수 있는 것으로 봐요. 이를 '포괄적 권리'라고 부르죠. 하지만 국가가 나서서 어떤 일을 해야 하는 사회권의 경우는 법에서 금지해 놓지 않은 것을 뭐든 할 수 있다고 한다면, 국가가 사람들을 돕겠다는 의도로 했더라도 결과적으로는 개인의 권리를 침해하는 일을 마구 하게 될 수도 있어요. 그래서 사회권은 국가의 역할로 명시해 놓은 일들만 요구할 수 있는 '열거적 권리'예요.

"자유권과 사회권이 충돌할 때는?"

근대적 권리와 현대적 권리의 성격이 상당히 다르죠? 그럼 만약에 이 둘이 충돌한다면 어떤 것이 우선시되어야 할까요? 아주 까다로운 문제 같지만 실제 사례를 통해 생각해 보면 답을 금방 알 수 있을 거예요. 만약 여러분이 부산에서 서울로 여행을 가려고 한다고 생각해 봐요. 여유 있게 창밖의 풍경도 보고 차 안에서 책도 좀 읽으려고 고속버스로 가려고 했더니 엄마가 그러면 너무 시간이 많이 걸려서 피곤하고 힘드니까 돈을 줄 테니 비행기를 타고 가라고 하셨어요. 물론 엄마가 더 많은 돈을 들여서 배려해 주시는 건 알겠지만 모처럼의 여행이기 때문에 여러분은 꼭 고속버스를 타고 가고 싶다면 결과는 어떻게 될까요? 엄마 말대로 억지로 끌려가서 비행기를 타야 할까요? 그렇진 않겠죠? 여러분의 여행이니까 가장 중요시되어야 하는 것은 여러분 자신의 의사가 아니겠어요?

즉, 자유권은 현대 사회를 이끌어 가는 가장 근본적인 원칙입니다. 다만 사람들이 개인의 힘으로 어찌할 수 없는 벽에 부딪치거나 공동체 전체의 노력과 배려가 필요할 때 국가가 나서서 사회권의 이름으로 사람들을 돕는 식으로 서로 조화를 이루어 나가고 있지요.

14

거주의 자유와 주거의 자유, 똑같은 거 아닌가?

제12조부터 여러 가지 자유권들이 쭉 이어지네요. 신체의 자유, 거주 · 이전의 자유, 직업 선택의 자유, 주거의 자유…. 어, 그런데 '거주의 자유'나 '주거의 자유'나 그게 그거 아니에요? 같은 조항이 왜 또 나오는 거죠? 헌법을 만들다가 실수한 건가요?

헌법은 우리나라에서 가장 중요한 문서 중 하나인데 설마 실수했을 리가요. '거주'(居住)와 '주거'(住居)는 같은 한자를 앞뒤로만 바꿔 놓은 거라서 비슷해 보이지만 서로 다른 의미를 지니고 있어요. 하나씩 살펴볼까요?

거주는 일정한 곳에 머물러 사는 일을 의미하는데 이 설명을 잘 곱씹어 보면 알 수 있듯이 거주는 '위치'의 개념을 담고 있어요. 내가 원하는 위치, 살고 싶은 장소를 골라서 살거나 또 옮겨 갈 수 있다는 뜻이죠. 그래서 '이전의 자유'가 함께 담겨 있는 거예요. 지금은 마음대로 이사를 가거나 여행을 가는 자유가 당연하게 여겨지지만, 예전 봉건 시대엔 농민들이 영주에게 소속되어 있어서 마음대로 이사를 가지 못하고 다른 곳으로 여행을 가는 것도 허락을 받아야만 가능한 일이었어요.

그런데 이렇게 거주의 자유가 보장되지 못한다는 것은 단순히 마음대로 놀러 다니지 못한다는 것보다 더 중요한 의미를 지니고 있어요. 사는 곳이 정해져 있으니 직업을 바꾸는 것도 쉽지 않았거든요. 대대로 농사를 짓던 집에서 태어난 아이가 육지는 답답하다고 생각해서 어부가 되고 싶어 해도 바닷가 마을로 이사를 갈 수 없다면 어부가 되는 것은 불가능하지 않겠어요? 바로 그런 이유에서 거주·이전의 자유 바로 다음 조항으로 '직업 선택의 자유'가 이어지는 거예요.

"원하는 곳에 살 수 있는 거주의 자유, 사는 곳을 보호받는 주거의 자유"

이에 비해서 주거는 머물러 사는 장소 혹은 집이라는 의미를 갖고 있어요. '장소'라는 의미가 강조된다는 거죠. 즉, 내가 현재 머물러 사는 장소, 공간을 함부로 침해할 수 없도록 법적으로 보호받는 것이 핵심이에요. 그래서 '주거의 자유'를 '법률에 따르지 않고는 어떠한 사람이라도 그 주거에 대하여 침입, 수색 및 압수를 당하지 않는 권리'라고 설명하기도 해요. 아, 그럼 주거는 집을 의미하는 거구나 하고 생각하기 쉽지만 '내가 머무르는 공간을 평온하게 유지할 권리'라는 넓은 의미를 갖기 때문에 구분 가능한, 안정이 보장되어야 할 공간이라면 폭넓게 주거의 범위에 포함될 수 있어요. 예를 들어 여관, 호텔방처럼 일시적으로 머무르는 곳 혹은 텐트 안도 주거로 인정될 수 있고 학교나 회사같이 상대적으로 넓은 범위의 공간 역시 주거의 자유가 보장될 수 있어요.

어, 그럼 범죄를 저지른 사람이 집 안으로 도망가면 경찰이 체포하러 들어갈 수 없다는 뜻일까요? 위의 설명을 꼼꼼히 읽어 보면 '법률에 따르지 않고는'이라고 했으니 만약 법률에 정해진 절차에 따른다면 '침입, 수색 및 압수'를 할 수도 있겠죠? 그래서 경찰이 범죄를 저지른 사람이 숨어 있을 것으로 의심되는 집이 있다면 이러저러한 이유로 저 집을 수색할 필요가 있으니 허가해 달라고 법관에게 요청하게 돼요. 그러면 법관이 이유가 정당한지 살펴본 후 수색할 장소와 물건을 명시한 서류를 내주게 되는데 이걸 '영장'이라고 불러요. 수색을 위한 거라면 수색 영장, 체포를 위한 거라면 체포 영장이 되겠죠.

영화나 드라마를 보면 경찰이 품 안에서 종이 한 장을 꺼내 펼쳐 보이며 수색을 집행하겠으니 문을 열어 달라고 요구하는 장면이 종종 나오는데 이 종이가 바로 수색 영장이에요. 수사를 하는 경찰의 입장에서는 여기저기 들어가서 수색을 해 보고 싶겠지만 그 이유가 정당한지, 꼭 수색이나 압수가 필요한지 법관이 판단하는 단계를 하나 더 둬서 기본권의 침해를 최소화하려는 일종의 안전장치라고 할 수 있죠.

15

양심의 자유는 양심 없이 살아도 된다는 말일까?

제19조에 '모든 국민은 양심의 자유를 가진다'라는 내용이 나오는데 뭔가 알 듯 말 듯 해요. 다른 사람에게 피해 주지 말고 양심대로 살라는 뜻인가 보다 생각했는데 여기에 '자유'를 붙이면 그래도 되고 안 그래도 된다는 뜻이 되잖아요. 양심대로 살든 말든 마음대로 하라는 뜻일까요?

양심의 자유에 대해 오해하는 분들이 많이 있어요. 우리가 일상적으로 사용하는 양심이라는 말과 헌법의 양심에 담긴 의미가 다르다는 점에서 문제가 시작되는 것 같아요. 한자로 '양심'(良心)은 어진 마음, 옳고 그름을 판단하는 도덕적인 태도라는 의미를 지니고 있어요. '양심이 있다'는 말은 '착하다, 도덕적으로 행동한다'는 뜻으로 사용되고 있죠. 하지만 헌법상에서 양심은 단순히 착하고 좋은 마음만이 아니라 어떤 사람이 내면에 지니고 있는 마음, 인격 전체를 가리키는 표현에 가까워요. '나는 누구인가'라는 정체성에 대해 스스로 내리고 있는 대답과 같은 거죠. 헌법 재판소의 유명한 결정문 일부를 소개해 볼까요?

헌법이 보호하려는 양심은 어떤 일의 옳고 그름을 판단함에 있어서 그렇게 행동하지 아니하고는 자신의 인격적인 존재 가치가 허물어지고 말 것이라는 강력하고 진지한 마음의 소리이지, 막연하고 추상적인 개념으로서의 양심이 아니다. (1997. 3. 27. 96헌가11)

'마음의 소리'라는 표현이 참 멋있지 않나요? 예를 들자면 이런 거예요. 여러분이 만약 평생 전쟁은 나쁜 것이고, 어떤 일이 있어도 심지어 나 자신의 생명이 위협받는 상황이라 할지라도 절대로 무기를 들고 맞서 싸워서는 안 된다는 신념을 굳게 지키며 살아온 사람인데, 군대에 갈 나이가 되어 총을 들고 군사 훈련을 받으라는 국가의 명령을 받으면 마음에 심각한 갈등이 생기겠죠? 그 갈등이 아주 심각해서 무기를 잡는 순간 내 삶이 모두 부정당하고 나를 구성해 온 마음속의 신념들이 모두 무너져 버릴 정도의 혼란과 고통을 겪는다면, 차라리 감옥에 가더라도 군대는 가지 않겠다고 호소하게 될지도 몰라요. 이런 경우를 '양심적 병역 거부'라고 불러요. 병역을 거부한 것이 착하다, 그렇지 않다의 이야기가 아니라 이 사람은 억지로 군대를 간다면 '인격적인 존재 가치가 허물어지고 말' 정도로 이 문제가 중요한 내면적 가치를 가지고 있기 때문에, 이 경우 병역 대신 다른 의무를 부과하는 것으로 그 '진지한 마음의 소리'를 존중해야 한다는 것이죠.

"법이 내면의 자유를 보장해야 한다"

그래서 '양심의 자유'는 내가 내 마음 상태, 정상적인 상태로 남아 있을 수 있는 권리를 보호한다는 뜻이 되어요. 좀 더 쉽게 표현하자면 '내면의 자유, 정신의 자유'라고 할 수 있어요. 법이 내면의 자유를 보장해야 한다는 것은 아주 중요한 의미를 지녀요. 흔히 우리는 '법의 목적은 정의의 실현'이라고 말하지만, 국가라는 거대한 기구를 통해 강제력을 행사하는 법은 어디까지나 '도구'로 받아들여져야 해요. 많은 사람들이 민주적인 방식으로 함께 살아가기 위한 '수단'일 뿐이지 도덕적인 '옳음'을 지상 위에 구현하는 것이 목적이 아니라는 거예요. 그래서 행동을 통해 다른 사람들에게 피해를 입히는 행위에 대해서는 당연히 제재를 가해야겠지만, 사람들이 마음속에서까지 좋은 생각만 해야 한다고, 착해져야 한다고 강제할 수는 없다는 것이죠. 이 부분이 법과 도덕의 결정적인 차이예요.

양심의 자유는 이렇게 사람들의 내면, 마음, 정신에 관련된 문제에는 법이 개입해서는 안 된다는 기본적인 원칙을 선언하고 있어요. 이런 생각의 자유는 다시 사상의 자유, 종교의 자유, 학문의 자유로 부챗살처럼 뻗어 나가요. 헌법 재판소에서 밝혔던 '마음의 소리'가 큰 메아리가 되어 사람들의 정신세계를 풍성하게 만들어 주고 있는 거랍니다.

16

교육의 권리를 포기하면 학교에 안 가도 될까?

제31조에는 교육을 받을 권리가 담겨 있네요. 국가에서 교육을 받도록 보장해 준다니까 좋은 이야기이긴 하지만… 헤헤, 솔직히 말하자면 학교에 안 가고 집에서 놀고 싶을 때가 많거든요. 만약에 제가 "감사하지만 안 받을게요. 저는 필요 없어요."라고 하면 학교에 안 가도 되는 거 아닌가요?

하하, 재밌는 생각이지만 결론부터 말하자면 아쉽게도 그렇게 되긴 어려울 것 같아요. 제31조 1항에 '모든 국민은 능력에 따라 균등하게 교육을 받을 권리를 가진다'고 밝혀 놓은 것에서 알 수 있듯이 교육권은 기본적으로 '교육을 받을 수 있는 권리' 즉, '수학권'(受學權)이에요. 교육을 받을 권리니까 내가 그 권리를 안 받겠다고 하면 괜찮은 것 아닌가 하는 질문인 거죠?

우선 여러분은 미성년자니까 법적 결정을 내리려면 부모님의 허락을 받아야 하는 건 알죠? 그런데 만약 부모님이 여러분의 생각에 동의해 주시더라도 교육권을 마냥 포기할 수는 없어요. 바로 다음에 이어지는 2항에 보면 '모든 국민은 그 보호하는 자녀에게 적어도 초등 교육과 법률이 정하는 교육을 받게 할 의무를 진다'고 되어 있거든요. 초중등 교육법상으로는 중학교까지 교육을 받도록 되어 있으니까 최소한 초등학교, 중학교까지는 교육을 받도록 하는 것이 부모님의 의무예요. 즉, 교육권은 권리인 동시에 의무인 거죠.

우리 헌법에서 교육을 국민의 의무로 설정해 놓은 것은 우리가 살아가는 사회가 구성원들이 일정 수준 이상의 교육을 받지 않으면 운영되기 어렵기 때문이에요. 앞에서 민주 사회는 모든 국민들이 주인이 되는 사회라고 설명했죠? 그런데 그렇게 모든 국민들이 주인으로서 역할을 하기 위해서는 선거에도 참여하고, 법도 지키고, 국가에서 잘못하는 일이 있으면 고치라고 요구도 해야 하는데 그러려면 글을 읽고 쓰는 건 당연히 알아야 하고, 다양한 사회 제도가 어떻게 운영되는지에 대한 기본적인 지식도 필요하지 않겠어요? 사회 구성원들이 모두 일정 수준 이상의 소양을 갖추도록 하려면 모든 사람들이 반드시 교육을 받도록 하는 것이 필수적인 조건이 될 수밖에 없는 거예요.

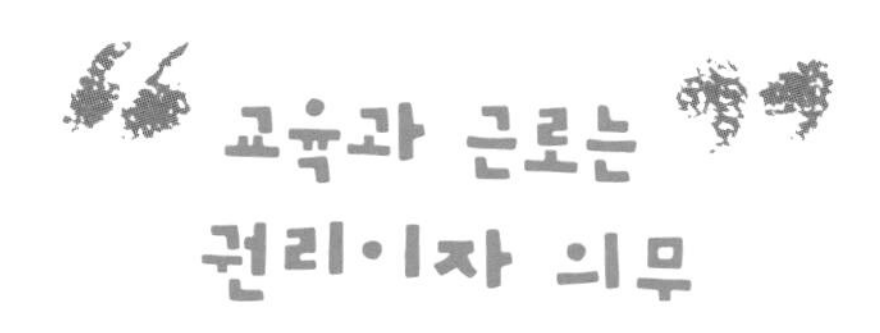

이와 비슷한 것이 바로 다음 조항에 이어지는 '근로권'에 관한 내용이에요. 교육권과 마찬가지로 제32조 1항에서는 '모든 국

홈스쿨링 자녀를 학교에 보내지 않고 부모가 집에서 직접 행하는 교육이다. 초중등 교육법에 의하면 자녀의 취학 의무를 이행하지 않을 때, 국가가 과태료 100만 원을 부과하는 것이 가능하다. 하지만 지금까지 단 한 건도 부과된 적이 없다. 홈스쿨링은 원칙적으로는 불법이지만, 국가적으로 굳이 문제를 삼지 않고 있다.

민은 근로의 권리를 가진다'고 밝히고 있지만 바로 다음의 2항에서는 '모든 국민은 근로의 의무를 진다'고 되어 있어요. 국민들이 최대한 직업을 갖고 생활을 해 나갈 수 있도록 국가가 도와야 하지만, 반대로 국민들이 일할 생각을 하지 않고 누군가 도와주기만 바라고 있다면 나라 살림이 엉망이 되지 않겠어요? 그래서 국민들도 일을 하려고 노력해야 한다는 내용을 담고 있는 거예요.

이렇게 교육권과 근로권은 권리이지만 동시에 의무라는 이중적인 성격을 지니고 있어요. 그래서 '현대적 의무'라고 구분하기도 하죠. 현대 사회에 와서 국가가 국민들의 삶을 돕는 적극적인 역할을 맡게 되면서 발생한 권리이자, 그런 국가적 필요에 최대한 응해야 한다는 의무이기 때문에 이런 이름이 붙은 거예요.

어, 그럼 '현대적 의무'가 있으면 '고대적 의무'도 있을까요? 맞아요. 있는데 이름이 약간 다르긴 해요. 예전부터 어떤 국가든 스스로를 지키고 운영해 나가기 위해서는 최소한 두 가지 조건이 필요했어요. 외적으로부터 나라를 지킬 군대, 그리고 국가를 운영하기 위한 돈이죠. 이 두 가지 의무, 즉 '국방의 의무'와 '납세의 의무'를 '고전적 의무'라고 불러요. 당연히 우리 헌법에도 제38조와 제39조에 이 두 가지 의무가 규정되어 있답니다.

헌법이 기본권을 뺏을 수 있을까?

헌법엔 국민들의 기본권을 보장하는 내용만 담겨 있는 줄 알았더니 의무를 부과하는 내용도 있군요. 갑자기 든 생각인데 그럼 헌법이 기본권을 줄 수 있다면 뺏을 수도 있는 거 아닌가요? 왠지 좀 무서운 느낌이 들어요.

그렇게 말하니까 헌법이 무슨 거대한 괴물처럼 느껴지네요. 먼저 기본적인 사항 몇 가지를 짚고 질문에 답하도록 할게요. 앞에서 설명한 '자연권'의 개념을 생각해 보세요. 자연권, 거기에서 비롯한 기본권은 원래 모든 사람들이 가지고 있는 권리를 국가가 침해하지 않도록 헌법이 보장해 주는 것이지 없는 권리를 헌법에서 선물처럼 주거나 뺏는 것이 아니에요. 그래서 헌법 제10조의 뒷부분에 보면 '국가는 개인이 가지는 불가침의 기본적 인권을 확인하고 이를 보장할 의무를 진다'고 되어 있어요. 기본권은 원래 개인들이 가지고 있는 것이기 때문에 침해할 수 없는 것이고, 국가는 이미 있는 권리를 확인하고 보장하는 역할을 해야 한다는 내용이죠. 헌법에서 부과하는 의무도 국민들 서로 간의 권리를 더 잘 보장하기 위해 필요한 사항들을 규정해 놓은 것으로 이해하면 돼요.

그럼, 같은 이유로 국민들의 권리를 제한하는 경우도 생기겠죠? 이런 기본권의 제한에 관련된 내용을 담고 있는 조항이 제37조 2항이에요. 여기에는 '국민의 모든 자유와 권리는 국가 안전 보장·질서 유지 또는 공공복리를 위하여 필요한 경우에 한하여 법률로써 제한할 수 있으며'라고 되어 있어요. 내용을 하나하나 쪼개서 볼까요? 권리를 제한할 수 있는 이유는 '국가 안전 보장, 질서 유지, 공공복리'에 해당하는 경우예요. 그리고 이런 이유라 할지라도 '법률'이라는 수단을 통해서만 제한할 수 있도록 되어 있어요. 문제는 이런 사유가 법률을 통해 기본권을 제한하는 것이 필요한 경우인지를 어떻게 판단할 것인가 하는 거예요.

"과잉 금지의 원칙"

기본적으로 국회에서 법률을 만들 때 많은 전문가들의 검토를 통해 신중하게 만들려고 노력해요. 하지만 그런 노력에도 불구하고 법률이 국민들의 기본권을 과도하게 침해하고 있다는 문제 제기가 일어나면 헌법 재판소에서 헌법의 원칙을 바탕으로 법률의 내용을 검토하는 '위헌 법률 심사'를 하게 돼요. 앞에서 마버리 사건을 통해 이 제도에 대해 간단히 살펴봤죠? 이때 헌법 재판소는 대략 네 가지 단계를 거쳐서 검토를 하게 돼요.

첫째, 이 법률이 정당한 목적을 가지고 만들어졌는가? 둘째, 이 법률을 통해서 그 목적을 적절하게 달성할 수 있는가? 셋째, 이 목적을 달성하기 위한 여러 가지 방법 중에 이것이 국민들의 피해를 최소화하는 가장 좋은 방법인가, 혹시 다른 방법은 없는가? 넷째, 이 법률을 통해 이루려고 하는 공익과 그 과정에서 침해되는 국민들의 기본권을 비교해 보면 어떤 것이 더 중요한 가치를 지니는가? 이렇게 따져 보고 이 중 어느 단계에서라도 문제가 있다고 생각되면 법률을 고치거나 폐지하도록 하는 거예요.

예를 들어 우리 사회에서 큰 이슈가 되었던 일명 '민식이법'을 가지고 생각해 볼까요? 2019년 9월 학교 앞의 어린이 보호 구역에서 김민식(9세) 학생이 교통사고로 사망하는 불행한 사고가 발생해요. 어린이의 보호가 최우선이 되어야 할 학교 앞에서 이런 끔찍한 사고가 일어나자 앞으로 다신 이런 일이 없도록 어린이 보호 구역 내 신호등과 과속 단속 카메라 설치를 의무화하고, 안전운전 의무 부주의로 사망이나 상해 사고를 일으킨 가해자를 무겁게 가중 처벌하는 법안들이 만들어지는데, 이 두 법안을 합쳐서 '민식이법'이라고 불렀어요. 어린이를 보호해야 한다는 원칙에 대해서는 누구나 공감했지만 운전자가 조금만 실수해도 너무 무거운 처벌을 하는 것은 문제가 있지 않느냐고 반대하는 사람들도 있었어요. 만약 이 법률들이 위헌 법률 심사의 대상이 되었다면 헌법 재판소는 어떤 단계를 거쳐 판단했을까요?

먼저 '목적의 정당성' 차원에서 이 법들은 '교통 약자인 어린이를 보호하자'는 취지를 갖고 있으니 별다른 문제가 없었을 거예요. '수단의 적절성' 차원에서도 이렇게 교통 시설을 강화하고 처벌을 무겁게 하면 당연히 보호 수준이 높아질 테니 적절한 법률로 판단되었겠죠. '피해의 최소성'은 어떨까요? 처벌을 더 높이는 것 말고 교통안전 캠페인을 더 열심히 하자거나 운전면허 시험을 까다롭게 하자는 등의 대안들이 있을 수 있지만 직접적으로 처벌하는 것만큼 사고 예방 효과가 높을지는 의문이네요. 예상이긴 하지만 아마 이 단계도 무리 없이 통과할 것 같아요.

가장 논란이 될 만한 부분은 결국 네 번째 단계인 '법익 균형성'의 부분이에요. 어린이를 보호하자는 공익과 사소한 과실로 사망 사고를 내더라도 음주 운전 사망 가해자와 형량이 같을 정도로 무겁게 처벌하는 것은 과도하다는 의견 사이에서, 어느 쪽이 더 사회적으로 중요한 가치를 지니는지 비교해서 따져 봐야 하거든요. 여러분이 헌법 재판관이라면 어느 쪽에 손을 들어줄 것 같아요?

이 네 단계를 묶어서 '과잉 금지의 원칙'이라고 불러요. 어떤 법률이 이 네 가지 요건을 모두 충족시킬 경우 '필요한 경우'에 해당하는 것으로 보아 국민의 기본권을 제한하는 것이 가능해지는 것이죠. 하지만 어쩌면 제37조에서 더 중요한 부분은 기본권 제한을 다룬 내용보다 나머지 부분들일 수도 있어요. 1항에서 '국민의 자유와 권리는 헌법에 열거되지 아니한 이유로 경시되지 아니한다'라고 해서 헌법에서 일일이 보장하고 있지 않더라도 국민의 자유와 권리는 넓게 인정된다고 말하고 있어요. 2항의 뒷부분에서도 '제한하는 경우에도 자유와 권리의 본질적인 내용을 침해할 수 없다'고 해서 기본권 제한도 마냥 할 수 있는 것이 아니라 분명한 제한이 있다는 점을 밝히고 있죠.

그럼, 여기서 문제! '본질적인 내용을 침해할 수 없다'고 했는데 우리나라에는 사형 제도가 여전히 남아 있잖아요. 법으로 사람의 목숨을 빼앗을 수 있도록 되어 있는데 과연 '본질적인 내용을 침해할 수 없다'고 할 수 있을까요? 그렇다면 '자유와 권리의 본질적인 내용'은 대체 뭘까요? 한번 깊이 생각해 보세요.

3장

입법부, 국회

'삼권 분립'은 어느 조항에 담겨 있나?

사회 시간에 삼권 분립은 민주주의에서 아주 중요한 내용이라서 헌법에도 명시되어 있다고 배웠거든요. 그런데 헌법 조항들을 아무리 들여다봐도 삼권이 분립되어 있다, 서로 간섭하면 안 된다 뭐 이런 내용이 없더라고요. 제가 못 찾은 건가요?

사회 시간에 수업을 열심히 들었나 봐요. 그럼 이미 알고 있을 것 같지만 혹시 잘 모르는 다른 친구들을 위해서 '삼권 분립'이 무엇인지부터 차근차근 설명해 드릴게요.

앞에서 헌법은 국가의 권력을 제한해서 사람들의 기본권을 보장하려는 목적으로 만들어진 것이라고 말씀드렸죠? 하지만 따지고 보면 헌법은 그냥 종이 위에 쓰인 문장들일 뿐이잖아요. 마치 도로에 그어진 차선처럼 아주 분명하고 힘이 세 보이지만 정작 누군가 마음먹고 무단 횡단을 하려고 한다면 차선 자체가 그런 행위를 막을 힘은 없지 않겠어요? 그래서 바닥에 그어진 선이 우리 사회에서 의미 있는 규범으로 역할하도록 학교와 사회 그리고 이 책에서 법 교육을 거듭하고 있는 거예요. 우리 모두가 법에 대한 올바른 의식을 갖도록 말이지요.

그래도 지금 당장 빨리 길을 건너고 싶어서 도로로 뛰어들려고 하는 사람이 있다면 어떻게 막을 수 있을까요? 현실적으로 생각할 수 있는 또 다른 방법은 옆에 있는 다른 사람들이 그렇게 하지 못하도록 '견제'를 하는 거예요. 그렇게 선을 넘지 않고 법과 원칙을 지키도록 서로가 서로를 견제하다 보면 모두가 헌법의 원칙에 따르는 '균형'이 만들어지게 되죠. 이렇게 하기 위해서는 각각의 사람들이 독자적으로 목소리를 낼 수 있는 존재로 독립되어 있어야겠죠? '권력을 분립하여 견제와 균형을 이룬다'는 말은 바로 이런 뜻이에요.

"'입법부'는 기관의 역할
'의회'는 일반적인 명칭
'국회'는 우리나라 고유 명칭"

그럼 왜 '삼권 분립'일까요? 앞서 이야기한 것처럼 근대 민주국가는 법치를 통해 가능해졌어요. '법을 통한 통치'에서 각각 권한을 나누어 본다면 법을 만들고, 만들어진 법을 개별 사건에 적용하여 재판을 하고, 그 결과를 실제로 집행하는 일로 나누어 볼 수 있어요. 이 세 가지 역할을 어려운 용어로 바꾼 것이 '법의 제정, 법의 적용, 법의 집행'이고 각각의 일을 맡아 하는 곳이 입법부, 사법부, 행정부인 것이죠.

가끔 입법부, 의회, 국회 등 다양한 명칭이 혼란스럽다는 학생이 있는데 '입법부'는 기관이 하는 역할, '의회'는 기관의 일반적인 명칭, '국회'는 우리나라 의회의 고유 명칭이에요. 여러분이 ○○아파트에 살고 있다면 그곳의 역할은 '거주지'이고 일반적으로는 '집'이라고 부르지만 고유 명칭은 'OO아파트'인 것과 비교해서 생각하면 돼요.

이제 질문에 답할 수 있겠네요. 헌법에 입법부, 행정부, 사법부가 독립되어 있다고 직접적으로 언급한 조항은 없지만 제40조에 '입법권은 국회에 속한다', 제66조 4항에 '행정권은 대통령을 수반으로 하는 정부에 속한다', 제101조 1항에 '사법권은 법관으로 구성된 법원에 속한다'라고 각각 규정하고 있어서 각각의 권한이 입법부, 행정부, 사법부의 고유 권한이라고 밝히고 있어요. 그러니 이 조항들이 법치에 관한 권한을 셋으로 쪼개어 나누어 놓은 삼권 분립에 관한 조항이라고 볼 수 있어요.

어, 그런데 이렇게 권력을 쪼개서 서로 견제와 균형을 이루는 것이 국민들의 기본권 보장에 좋은 일이라면 세 개로만 쪼갤 것이 아니라 더 많이 쪼개면 어떨까 하는 생각도 들지 않나요? 헌법상의 기관은 아니지만 언론사에서 끊임없이 사회의 어두운 곳, 잘못된 국가의 정책을 비판하는 보도를 하는 것이나, 다양한 시민 단체에서 문제를 제기하고 항의를 하는 일들도 민주주의의 기틀을 튼튼하게 하는 밑거름이 된다고 해서 언론을 제4부, 시민 단체들을 제5부로 불러야 한다고 주장하는 학자도 있어요. 사실 가장 중요한 것은 깨어 있는 시민들의 눈이겠죠. 민주주의, 그리고 법치는 결국 우리 모두의 힘으로 만들어 가는 것이니까요.

19

국회의원의 특권이 너무 많다고?

권력을 쪼개 놨다고 하지만 국회 의원들은 너무 힘이 센 거 같아요. 국회 의원은 법을 어기고 범죄를 저질러도 감옥에 안 간다는 얘기도 들었어요. 그런 걸 '방탄 국회'라고 하더라고요. 아무리 국민들의 대표라지만 이거 특권이 너무 과한 거 아닌가요?

법은 문구 하나하나에 깊은 의미가 담겨 있는 경우가 많아서 주의 깊게 읽을 필요가 있어요. 또 그런 법이 만들어진 이유가 무엇인지도 생각해 봐야 하고요.

먼저 제44조 1항에는 '국회 의원은 현행 범인인 경우를 제외하고는 회기 중 국회의 동의 없이 체포 또는 구금되지 아니한다'고 나와요. 체포나 구금이 안 되는 기간이 '회기 중' 그러니까 국회에서 회의가 있는 동안으로 제한하고 있죠. 제44조 2항에는 '국회 의원이 회기 전에 체포 또는 구금된 때에는 현행 범인이 아닌 한 국회의 요구가 있으면 회기 중 석방된다'고 나와요. 혹시 체포된 경우에 국회의 요구에 의해 석방되는 조건도 '회기 중'이에요.

왜 '회기 중'에는 체포도 안 되고 체포되었더라도 풀려날 수 있도록 했을까요? 이게 국회 의원에게 주는 특권이라면 회의 기간 중이든 아니든 따질 필요가 없지 않겠어요? 왜 이렇게 '회기 중'을 강조했을까요? 맞아요. 당연히 국회 의원들이 회의에 참석해서 자신이 대표하는 국민들의 목소리를 전달할 수 있도록 하기 위해서예요. 이 특권을 '불체포 특권'이라고 해요.

그런데 정작 회의에 참석했더라도 말하는 내용에 사람들이 꼬치꼬치 따지고 법적으로 책임을 지라고 시비를 건다면 자유롭게 말할 수 없지 않을까요? 괜히 골치 아픈 일에 얽히게 될까 봐 스스로 내용을 거르고 아무 문제가 없을 만한 말만 하게 된다면, 문제를 제기하고 토론하고 함께 해결책을 찾는 '민의의 전당'으로서 국회는 제 역할을 못하게 될 거예요. 그래서 제45조에서는 '국회 의원은 국회에서 직무상 행한 발언과 표결에 관하여 국회 외에서 책임을 지지 아니한다'고 밝히고 있지요. 당연히 국회 밖에서, 직무와 관련 없이 누군가의 험담이나 유언비어를 퍼뜨린다거나, 혹은 발언과 표결이 아닌 불법적인 행동을 했을 경우에는 책임을 지게 되어 있죠. 즉, 국회 안에서 자유롭게 의견을 말할 수 있는 권리를 보장해 준 것인데 이 특권을 '면책 특권'이라고 해요.

그러니까 이 특권들은 국회 의원 개인을 위해 주는 선물 같은 것이 아니라, 국민의 대표로서 국회 의원이 자유롭게 회의에 참여하고 의사를 표현해서 국회가 정상적으로 운영될 수 있도록 보호하는 제도예요.

방탄 국회 검찰 수사가 진행 중인 국회 의원의 소환이나 조사, 또는 체포를 막기 위해 소속 당이 일부러 임시 국회를 여는 것을 비유적으로 이르는 말이다. 임시 국회는 국회 의원 4분의 1 이상이 요구할 때 열릴 수 있다.

“국회 의원을 위한 특권이 아닌 ‘국민’들을 위한 특권”

6·25 전쟁이 한창이던 1952년 이승만 대통령은 부산에 설치된 임시 정부를 이끌고 있었어요. 전쟁 전후 정부가 저지른 여러 가지 잘못이 밝혀지면서 이승만 대통령은 다음 대통령 선거에서 패배할 것 같다는 생각이 들었죠. 그래서 헌법을 자신에게 유리하게 바꾸려고 했는데 당연히 국회 의원들은 여기에 반대했어요. 1952년 5월 26일 이승만 대통령은 군인들을 동원해서 국회 의원 50여 명이 탄 통근 버스를 헌병대로 강제로 끌고 가 협박을 했어요. ‘불체포 특권’이 제대로 지켜졌더라면 이런 일을 막을 수 있었겠죠.

이후 혼란이 거듭된 끝에 제출된 엉터리 개헌안을 통과시키기 위해 1952년 7월 4일 의사당 전체를 경찰로 포위한 상태에서 표결을 강행해요. 심지어 누가 반대하는지 한눈에 볼 수 있도록 찬성하는 사람들은 자리에서 일어나도록 하는 ‘기립 표결’이었죠. 결과는 출석 166명에 찬성 163명, 기권 3명이었어요. 국회 의원들이 국회에서 하는 표결에 대해 책임을 묻지 않는다는 ‘면책 특권’이 보장될 수 없는 위협적인 상황이었던 거죠.

다시 말하자면 불체포 특권과 면책 특권은 국회 의원 개인에게 주는 특권이라기보다는 국민의 대표로서 제대로 일할 수 있도록 회의와 표결, 발언의 권한을 보호하는 입법부에 대한 보호 장치예요. 그를 통해서 궁극적으로는 국민들의 의사가 더 잘 전달되도록 하는 것이 목적이고요. 이 내용들은 '국민들을 위한 특권'으로 보는 것이 더 정확하지 않을까 싶어요.

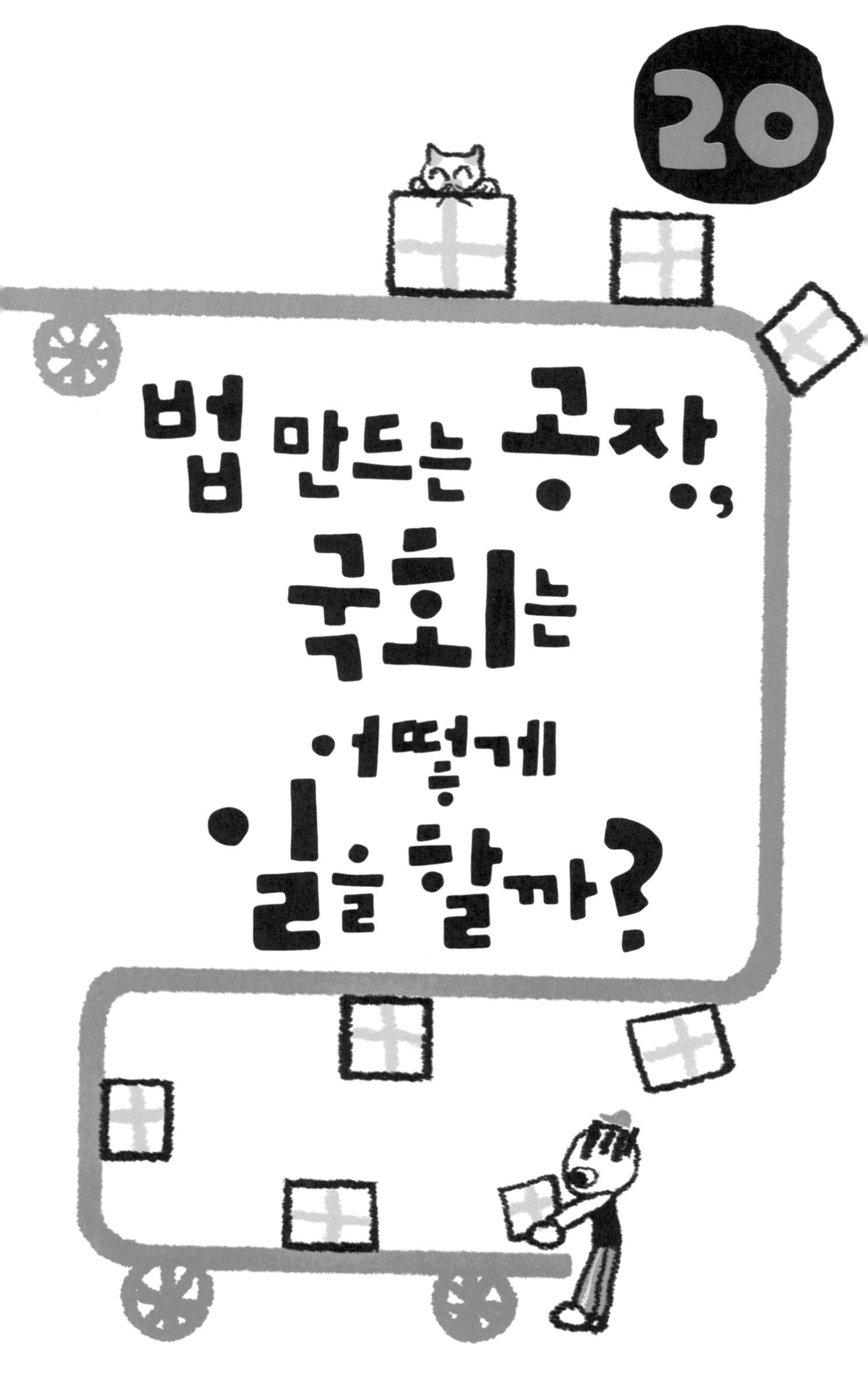
20
법 만드는 공장,
국회는
어떻게
일을 할까?

국회 의원들의 역할에 좀 더 관심을 가져야겠다는 생각이 들어서 열심히 읽어 봤는데…. 어휴, 여전히 너무 어렵고 복잡해요. 아까 교수님이 국회의 가장 큰 역할은 법을 만드는 일이라고 하셨잖아요. 그 과정을 좀 쉽게 설명해 주실 수 없나요?

공장에서는 컨베이어 벨트 위로 물건이 이동하면서 하나씩 부품이 조립되어서 나중에 완제품으로 나오게 되잖아요? 국회에서 법을 만드는 과정도 이와 비슷해서 정해진 절차에 따라 착착 진행되어요. 헌법 조항에는 그 내용들을 문구로 풀어내다 보니까 한눈에 안 들어와서 이해가 쉽지 않죠? 아래 그림을 보면서 하나씩 설명드릴게요.

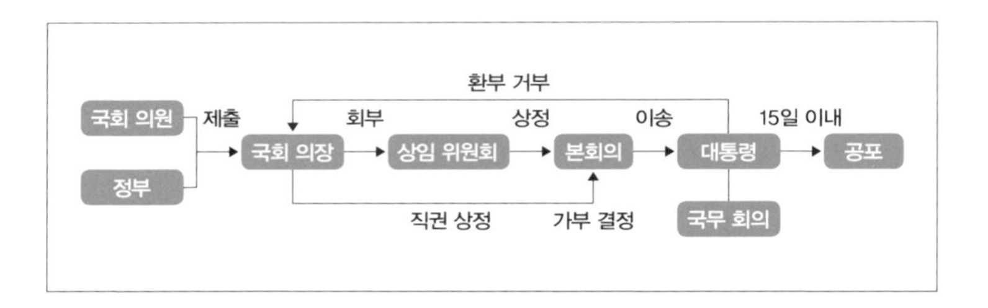

법이 만들어지기 위해서는 먼저 법이 제안되어야 하겠죠? 그래서 법으로 완전히 성립되기 전까지는 '법안'이라고 불러요. 법안은 국회 의원 10명 이상이 모여서 발의할 수 있고 정부 차원에서 법안을 만들어서 제출할 수도 있어요. 국회를 대표하는 사람이 국회 의장이기 때문에 국회 의장에게 법안이 전달되죠.

현재 우리나라 국회 의원의 수는 300명인데 300명이 모두 참여하는 회의가 '본회의'예요. 원칙적으로는 하나의 법안에 대해 모든 국회 의원들이 토론을 하고 결정을 해야겠지만, 워낙 제출되는 법안의 수가 많고 내용들이 전문적이기 때문에 일일이 모든 국회 의원들이 내용을 파악하고 토론하고 표결하다가는 일이 너무 밀리게 돼요. 그래서 좀 더 효율적으로 법안을 처리하려고 각 분야별로 나뉜 '상임 위원회'에 국회 의원들이 들어가서 법안들을 심의해요. 뉴스에 자주 나오는 교육 위원회, 외교 통상 통일 위원회, 국방 위원회 등등이 모두 상임 위원회의 일종이에요.

"제안하고, 심의하고, 의결하고, 공포한다"

법안에 문제가 있을 경우 상임 위원회 단계에서 걸러진 후, 통과한 법안들이 본회의로 상정되죠. 그런데 어떤 법안들은 상임 위원회에서 차근차근 검토하기에는 시간이 급박한 천재지변이나 국가 비상 상황에 관련된 것일 경우 국회 의장이 상임 위원회를 생략하고 곧바로 본회의로 올리는 '직권 상정'을 할 수 있어요.

본회의에 상정된 법안들은 국회 의원 재적 과반수 출석에 출석 의원 과반수가 찬성할 경우 의결되어 대통령에게 넘어가요. 그런데 대통령 혹은 행정부의 차원에서는 입법부에서 만든 법안에 문제가 있다고 생각할 수도 있잖아요? 그래서 입법권을 견제하는 제도로 이 법안은 받아들일 수 없다고 '거부권'을 행사할 수 있어요. 어, 그러면 대통령이 모든 걸 결정하는 건가 싶겠지만 그렇진 않아요. 거부되어서 입법부로 돌아온('환부'라고 말해요) 법안은 재의결 절차를 거치는데 이번엔 재적 의원 과반수 출석에 출석 의원 3분의 2 이상의 찬성이 있으면 대통령의 거부권 행사와 관계없이 즉시 법률로 확정돼요.

결국 대통령의 거부권 행사는 법 자체를 좌지우지한다기보다는 한 번 더 신중하게 판단해 달라고 견제하는 역할로 볼 수 있어요. 대통령은 국회에서 의결된 법안에 대해서는 15일 이내에 공포하거나 거부를 결정해야 하고, 거부되었다가 다시 재의결되어 돌아온 법안에 대해서는 5일 이내에 공포를 해야 해요. 그리고 법률은 특별한 규정이 없다면 공포 후 20일이 지나면 효력을 발생하도록 되어 있어요.

정리하자면 법안을 제안하고, 심의하고, 의결하고, 공포한다는 네 가지 단계로 나누어 볼 수 있겠네요. 잘 정리가 됐나요? 머릿속으로 잘 떠올려 보고 빈 종이에 한번 순서대로 단계를 그려 보는 것도 좋은 공부가 될 거예요.

21
국회에서
왜 정부의
예산안을
심의할까?

이제 TV 뉴스를 볼 때 국회 의원들이 회의를 하는 모습을 보면 전과 다르게 보일 것 같아요. 그런데 제54조부터는 국회가 국가의 예산안을 심의하는 일에 대한 조항들이 쭉 이어지네요. 입법부에서 왜 정부의 예산안을 다루는 거죠? 정부에서 알아서 할 일 아닌가요?

아마 예전엔 이 조항들을 봐도 그냥 그런가 보다 했을 텐데 국회의 역할이 '법을 만드는 일'이라는 확실한 개념이 생기니까 이제 이 조항들이 어색해 보이죠? 점점 더 헌법을 보는 눈이 자라고 있는 것 같아서 뿌듯해요. 그럼 한걸음 더 나아가 볼까요?

앞에서 '법치'가 국가의 권력 남용을 제한해서 국민의 기본권을 보장하는 것이 목적이라고 배웠죠? 국회에서 입법권을 갖고 있는 것도 따지고 보면 정부가 마음대로 법을 만들어서 집행하는 일을 막기 위해서 권한을 분리한 것이라고 볼 수 있어요. 즉, 입법권을 통해 정부를 견제하는 거죠. 하지만 입법 외에도 돈을 직접 통제하는 것 또한 정부를 견제하는 아주 효과적인 방법이에요. 국민으로부터 세금을 얼마나, 어떻게 거둘 것인지, 그 돈을 어디에 쓸 것인지 등에 대해 국민의 대표들로부터 결재 도장을 꽝, 받아야 한다는 거죠. 이걸 어려운 말로 '재정에 관한 권한'이라고 해요.

정부에서 내년에 어디에 어떻게 돈을 쓰겠다고 계획을 세운 것을 '예산안'이라고 해요. 국회는 매년 이 예산안을 심의해서 필요 없는 부분을 줄이거나 수정을 요구한 후 최종적으로 의결을 통해 승인하는 일을 해요. 대개 이 일들이 연말에 이루어지기 때문에 11~12월쯤 뉴스를 유심히 보면 예산안에 관련된 국회 뉴스들이 자주 등장할 거예요.

하지만 아무리 세심하게 계획을 세웠더라도 갑작스럽게 돈을 쓸 일이 생길 수도 있겠죠? 이 경우 예산을 고쳐서 늘린다는 뜻으로 '추가 경정 예산안'이 만들어져요. 이름이 길다 보니까 줄여서 '추경안'이라고 뉴스에 자주 등장하죠. 아무리 급하더라도 국민으로부터 걷은 귀중한 세금을 쓰는 일이니 당연히 추경안도 국회의 의결을 거쳐야만 지출할 수 있어요.

2020년의 경우 처음에 통과된 본예산은 512조 3천억 원이었는데 코로나 사태에 대응하기 위해 네 차례에 걸쳐 약 66조 8천억 원이나 되는 추가 경정 예산안이 편성되었어요. 너무 엄청난 액수라서 감이 잘 안 오죠? 세계적으로 10위권 내외의 큰 예산 규모예요. 당연히 국회에서 꼼꼼하게 챙기고 검토해야 되겠죠?

국정 감사, 대통령 탄핵 결의도 국회의 권한

이 밖에도 중요한 조약을 맺을 때 국회의 동의를 받도록 한다거나 특정한 사안에 대해서 국정 조사를 실시하기도 해요. 특히 매년 9월에 이루어지는 국정 감사는 국회가 정부의 업무를 전반적으로 들여다보고 검토하는 아주 중요한 업무예요. 그리고 문제가 심각하다고 생각되면 국무총리나 장관 등의 해임을 대통령에게 건의할 수도 있죠.

국회는 직접 고위 공직자를 끌어내리는 강력한 수단인 탄핵 소추권도 가지고 있어요. 법관, 총리, 장관은 물론이고 심지어 대통령마저도 잘못이 크다고 판단되면 국민의 이름으로 탄핵을 결의해서 국가 기관이 함부로 권력을 남용하는 일을 막아 내고 있답니다. 이제 국회가 조금 다르게 보이지 않나요? 국민을 대표해서, 국민을 지키는 방패가 바로 국회라고 할 수 있습니다.

4장

대통령과 행정부

대통령이 제일 높은 사람일까?

무식한 질문이라고 생각하실지 모르겠지만 우리나라에서 제일 높은 사람이 대통령인 건 맞죠? 대통령을 국가 원수라고 하던데 '원수'가 군대에서 제일 높은 대장 같은 사람을 부를 때 쓰는 말이잖아요. 그럼 삼권 분립이라고 하지만 대통령이 제일 힘이 센 건가요?

전혀 무식한 질문이 아니에요. 오히려 아주아주 날카로운 질문이라서 놀랐어요. 항상 궁금한 것을 덮어 두지 말고 자꾸 파고들어 보고 물어보는 습관을 갖는 게 좋아요. 맞아요. 헌법 제66조 1항을 보면 '대통령은 국가의 원수이며'라고 되어 있죠. '원수'(元首)는 '으뜸이 되는 머리, 나라를 다스리는 사람'이라는 뜻이니 대통령이 제일 높은 사람이라고 생각하는 것도 당연한 일이에요. 하지만 이 조항의 뒷부분을 보면 '외국에 대하여 국가를 대표한다'라고 되어 있어요. 이 부분의 의미를 잘 되새겨 볼 필요가 있어요.

대통령은 헌법상 두 개의 지위를 가지고 있어요. 우선 입법부, 행정부, 사법부 중 하나인 행정부를 이끄는 역할을 하죠. 제66조 4항에 '행정권은 대통령을 수반으로 하는 정부에 속한다'라고 되어 있는 내용이에요. 그런데 삼권 분립의 원칙에 따르면 세 부서는 동등한 위치에서 서로 견제와 균형을 이루게 되어 있잖아요. 만약 누군가 우리나라를 대표해서 협상을 하거나 조약을 맺거나 해야 할 일이 생기면 어떻게 할까요?

입법부를 대표하는 사람은 국회 의장, 사법부를 대표하는 사람은 대법원장, 행정부를 대표하는 사람은 대통령인데(그래서 이 세 사람을 세 부서의 중요한 사람이라는 뜻으로 '삼부 요인'이라고 불러요. 뉴스에서 가끔 이 표현을 들을 수 있을 거예요.) 이 세 사람이 한꺼번에 움직이는 것보다는 대한민국을 대표하는 한 사람이 있는 편이 더 낫지 않겠어요? 이렇게 우리나라를 대표하는 역할이 바로 '국가 원수'예요. 주로 이렇게 대표할 일이 외국과 상대하는 경우에 많이 발생하게 되니까 '외국에 대하여 국가를 대표한다'는 조항이 덧붙게 된 거예요.

"대통령은 국가 원수와 행정부 수반"

다시 말하자면 대통령은 우리나라를 대표하는 분인 건 맞지만 수직적으로 국회나 법원에 명령을 내리고 마음대로 좌지우지할 수 있는 권력을 가진 건 아니에요. 다만 행정부에 대해서는 이렇게 직접적으로 통솔을 하는 것이 맞죠. 그래서 국가 원수와 행정부 수반, 두 개의 지위를 분리해서 말하는 것이고 이를 '대통령의 이중적 지위' 혹은 '이중적 권한'이라고 불러요. 어려운 말처럼 들리겠지만 핵심은 학생이 질문한 것처럼, 그리고 많은 사람들이 오해하고 있는 것처럼 대통령이 예전의 왕이나 독재자처럼 우리나라 전체를 지배하는 힘을 갖고 있는 것이 아니라는 점을 이해하는 거예요. 민주 국가에서 권력은 분립되어 있고, 그 권력은 국민으로부터 나오는 것이니까요.

이 두 개의 지위를 제대로 이해했는지 연습 문제를 내 볼까요? 조약을 체결하는 권한은 어떤 지위와 관련된 것일까요? 네, 외교와 관련해서 우리나라를 대표하는 것이니 국가 원수로서의 권한이겠죠? 대통령령을 내릴 수 있는 권한은요? 대통령령은 법률보다 밑에 있는 '명령'의 일종으로 법률에서 구체적으로 정한 범위 내에서 재량권을 인정받는 것이니 법으로 행정부에 부여된 권한, 즉 행정부 수반으로서의 권한이에요. 좀 어려운 문제, '국군 통수권'은요? 앗, 군대의 우두머리가 되는 거니까 "국가 원수!"라고 외쳤을지 모르겠지만 조금 더 생각해 보세요. 우리나라 국군은 어디에 소속되어 있죠? 맞아요. 국방부에 속해 있는데 국방부는 행정부의 일부잖아요. 그래서 국군 통수권은 행정부 수반으로서의 권한이에요. 이제 이해가 되셨나요?

23
대통령이
법을
만들수도 있나
?

그러니까 헌법, 그 밑에 법률, 그 밑에 명령이 있는데 법에서 행정부의 권한으로 필요하면 명령을 만들어도 된다, 그랬으니까 대통령령은 행정부의 권한이라는 거죠? 그런데 제76조에 대통령이 '법률의 효력을 가지는 명령을 발할 수 있다'고 되어 있는데 그럼 대통령이 법률도 만들 수 있다는 뜻인가요? 아, 헷갈려요.

좌절하지 마세요. 헷갈리는 것이 당연한 게 제76조는 아주 예외적인 상황에 대한 규정이에요. 헌법학자들 사이에서도 의견이 엇갈리는 부분이기도 하고요. 내용을 좀 더 자세히 살펴볼까요?

제76조 1항, 2항의 끝부분에 보면 '법률의 효력을 가지는 명령을 발할 수 있다'고 되어 있어서 당황스러웠던 것 같아요. 명령은 명령인데 법률과 같은 효력이라니 이러면 대통령이 마음대로 법을 만들 수 있는 것 아닌가, 하는 질문인 거죠? 네, 맞아요. 하지만 중요한 건 이런 일은 아무 때나 할 수 있는 것이 아니라 특별한 경우에만 할 수 있도록 제한되어 있다는 거예요.

1항에 보면 '내우·외환·천재·지변 또는 중대한 재정·경제상의 위기'에 '국회의 집회를 기다릴 여유가 없을 때에 한하여', '필요한 재정·경제상의 처분'이라고 되어 있죠? 쉽게 풀어서 말하자면 대지진과 같은 천재지변이나 나라 전체의 경제가 휘청거릴 만큼의 위기 상황이 닥쳤는데, 이게 너무 급한 상황이라서 국회에서 법을 만드는 것을 기다리지 못할 만큼이라면 돈을 풀거나 재정 지원을 하는 등의 처분을 할 수 있다는 뜻이에요. 이걸 '긴급 재정 경제 처분 및 명령권'이라고 불러요.

2항의 제한 조건은 '중대한 교전 상태'예요. 즉, 다른 나라와 전쟁을 할 상황이 되었는데 이 역시 갑작스럽게 일어난 일이라서 국회 의원들이 모일 여유가 없을 경우 대통령이 직접 법률에 준하는 명령을 내릴 수 있는 '긴급 명령권'을 규정하고 있어요.

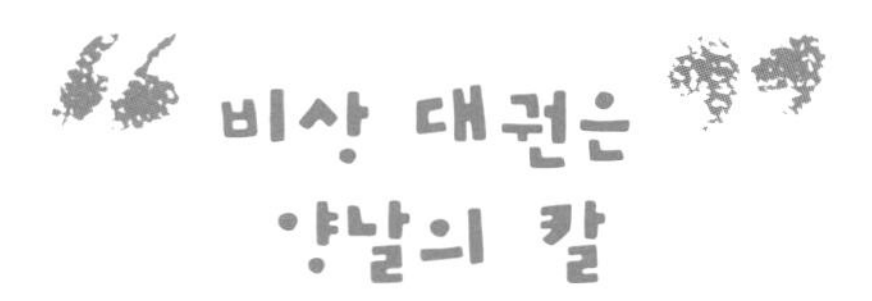

이렇게 비상시에 대통령이 삼권 분립을 넘어서서 명령을 내릴 수 있는 권한을 '비상 대권'이라고 불러요. 자연권을 바탕으로 한 의회 민주주의 이론의 선구자였던 영국의 로크는 '대권'(大權)을 '법률의 지시가 없이도 그리고 때로는 심지어 법률을 위반하면서까지 공공선을 위해서 재량에 따라 행동할 수 있는 권력'이라고 설명했어요. 원칙적으로 국민의 대표인 국회 의원들이 만든 법에 따라 권력이 행사되어야 하지만, 아주 급박한 상황에서는 일단 조치를 취하고 나중에 옳고 그름을 따져야 할 경우도 있잖아요. 그래서 3항에서는 급한 사정으로 일단 긴급 명령을 내렸더라도 '지체 없이' 국회에 보고하고 사후에 '승인'을 얻어야 한다고 말해요. 이어지는 4항에서는 만약 승인을 얻지 못하면 그 처분이나 명령은 효력을 상실한다고 밝히고 있어요.

하지만 일단 조치가 취해지고 나면 이걸 되돌리는 건 쉽지 않은 게 사실이죠. 예를 들어 어떤 독재자가 옆 나라와 전쟁을 하고 싶어서 일단 공격을 명령해 군대를 진격시킨 후 국회에 사후 승인을 요청하면, 이미 전쟁이 벌어진 상황에서 국회 의원들이 군대를 도로 되돌리라고 결정하기는 어렵잖아요. 그래서 사후 승인보다 더 중요한 것은 사전에 이런 예외적이고 특별한 조치가 취해지는 요건을 엄격하게 정하고 남용되지 않도록 하는 거예요.

1항과 2항을 자세히 읽어 보면 '긴급한', '최소한으로', '중대한' 등 비상 대권이 남용되는 것을 막기 위해서 안간힘을 쓴 흔적들이 보일 거예요. 물론 권력의 남용을 막기 위해 실제로 더 중요한 것은 국민들의 여론을 통한 압박이겠죠. 일단 급하면 먼저 법을 어기는 조치를 취하고 나중에 허락을 받으면 되지, 하고 쉽게 생각하지 않도록 국민들이 이게 정말 필요하고 어쩔 수 없을 만큼 긴급한 일이었는지 꼼꼼히 따져 보는 까다로움이 필요한 '양날의 칼' 같은 것이 바로 비상 대권이에요.

국무 회의는 대통령에게 조언을 해 주는 회의일까?

행정부에 관련된 내용을 보니까 국무총리, 국무 위원, 국무 회의 등의 이름들이 나오는데 국무 위원은 뭐죠? 장관들인가요? 국무 회의는 대통령에게 조언을 해 주는 회의인가요? 그리고 일본이랑 독일에도 총리가 있던데 우리나라의 국무총리와 같은 건가요?

이게 역사 속에서 좀 꼬인 실타래 같은 건데 차근차근 풀어 내면서 설명해 드릴게요. 우선 정부의 형태에 대해 알아야 해요. 세계에는 다양한 형태의 정부들이 존재하지만 크게 '의원 내각제'와 '대통령제'로 나누어 볼 수 있어요.

'의원 내각제'는 의회가 중심이 되는 시스템이에요. 선거를 통해 의회에서 다수당이 되면 그 당에서 행정부까지 구성하는 방식이죠. 즉, 다수당의 국회 의원들 중에서 장관들이 정해져서 행정을 맡는 건데 이 장관들을 전체적으로 통솔하는 역할을 하는 사람이 '총리'예요. 그러니까 총리는 국민들에 의해 따로 뽑히는 것이 아니라 다수당 내에서 정해지는 거죠. 2021년 3월 현재 일본의 다수당은 자민당이고 총리는 역시 자민당 소속인 스가 총리, 독일의 경우 기독교 민주 연합당이 다수당이고 총리는 이 당 소속인 메르켈 총리가 맡고 있죠.

'국무 위원'은 '국무' 그러니까 국가의 다양한 업무를 맡고 있는 대표자들이에요. 각 부의 장관들은 당연히 여기에 포함되고 그 외에 회의에 참여해야 할 중요한 사람들을 추가로 국무 위원에 포함시키죠. 내각제라면 이 사람들이 결국 다수당의 의원들일 테니 이 사람들이 모이는 '국무 회의'는 어떤 안건에 대해 우리 당이 어떻게 대응하고 행동할 것인지 의원들끼리 협의하고 결정하는 역할을 하게 돼요. 이렇게 결정권을 갖는 경우 '의결권'이 있다고 표현해요. 총리는 이런 회의를 이끄는 의장과 같은 역할을 하는 거죠. 즉, 행정부의 중요한 의사결정은 모두 이 국무 회의를 통해 결정되는 형태를 취해요. 당연히 국무 위원 다수가 반대하는 안건에 대해서는 총리가 독단적으로 결정하는 게 어렵죠.

하지만 대통령제는 대통령이 별도의 선거를 통해 선출되고, 이 대통령이 자신과 함께 일할 사람들을 임명하는 방식이기 때문에 이때의 장관들은 어디까지나 대통령을 돕고 조언을 해 주는 '자문'의 역할을 해요. 미국이 대표적인데 미국에서 장관들은 대통령의 조언자라는 뜻에서 'secretary', 직역하자면 '비서'라는 명칭을 써요. 어디까지나 결정권은 대통령에게 있는 거라서 장관들이 찬성하든 반대하든 그 의견을 참고하기만 하는 거죠. 그래서 대통령제에는 '국무총리'라는 직제가 없어요. 어차피 자문 회의를 주재하는 건 대통령이고 조언을 들을지 말지도 대통령이 마음먹기에

국무 위원 15인 이상 30인 이하로 구성된다. 행정 각부의 장관은 국무 위원을 겸하지만 양 지위는 헌법상 차이가 있다. 국무 회의에 참석한 국무 위원으로서는 국무총리와 대등한 지위를 가지지만, 행정 각부의 장관으로서는 국무총리의 지휘, 감독을 받는다.

달린 거니까요.

우리나라는 해방 전 임시 정부가 꾸준히 의원 내각제 형태로 운영되었어요. 그래서 제헌 헌법을 만들 때도 당연히 임시 정부 헌법의 내용을 이어받아 모든 정부 구조를 의원 내각제의 형태로 만들었죠. 그런데 논의 과정에서 해방 후의 혼란과 남북 분단이라는 비상 상황에 대처하기 위해서는 강력한 리더십이 필요하기 때문에 대통령제로 바꾸어야 한다는 주장이 제기되었어요. 논의 끝에 이 둘이 뒤섞인 형태로 정부가 구성되다 보니 국무총리 제도도 그대로 남게 되었고 국무 회의의 기능도 약간 모호해졌어요.

의결과 자문의 중간 형태, 심의 기능

제87조를 보면 '대통령을 보좌하며'라고 되어 있어서 '미국처럼 자문 기능인가?' 싶다가 바로 뒤에는 '국정을 심의한다'고 되어 있어서 '어, 그럼 의결 기능도 있는 건가?' 하고 좀 혼란스러워지는 거죠. 애매하다고 느낄 수 있겠지만 우리나라의 국무 회의는 의결과 자문의 중간 형태인 '심의 기능'을 갖는다고 생각하면 돼요. 중요한 사안들은 대통령 마음대로 결정하는 것이 아니라 반드시 국무 회의의 심의를 거치도록 규정되어 있고(제89조), 국무 위원이 단순한 자문보다는 좀 더 적극적으로 자신의 의견을 피력하

고 해당 결정 사안에 사인을 할 권리인 '부서권'도 가지고 있지만 기본적으로 대통령제인 만큼 최종적인 결정권은 대통령에게 있는 형태라고 이해하면 될 것 같아요. 뉴스에서 국무 회의 장면이 자주 나오는 편인데 어떤 사람들이 모여서 어떤 방식으로 회의를 하는지 유심히 보면 재밌을 거예요.

25

감사원은 어떤 일을 할까?

헌법 제97조를 보니까 감사원은 회계 검사와 감찰 뭐 이런 복잡한 일을 하더라고요. 그럼 돈을 관리하는 곳인가요? 또 '검사'와 '감찰'은 뭐가 달라요? 너무 어려운 말이에요.

앞에서 삼권 분립이 입법부, 행정부, 사법부가 서로 견제하면서 균형을 이루는 것이라고 했잖아요. 그런데 이 삼권 가운데 행정부가 제일 규모도 크고 돈도 많이 쓰거든요. 하는 일도 제일 많고요. 500조가 넘는 국가 예산의 대부분을 결국 행정부에서 집행하는 거니까요. 그러니 국민들의 소중한 돈인 세금을 제대로 걷었는지, 원래 계획한 대로 잘 썼는지, 혹시 잘못 지출하거나 낭비한 곳은 없는지 내부적으로 검토하고 문제점을 바로잡을 필요가 있어요. 이걸 '회계 검사'라고 해요.

또 공무원의 수가 백만 명이 넘는 어마어마한 규모인데 이 사람들이 자신이 맡은 일을 잘하고 있는지, 혹시 비리를 저지르거나 실수를 하지는 않았는지 지켜보는 별도의 기관이 필요하지 않겠어요? 이런 일을 '직무 감찰'이라고 해요. '감찰'과 '검사'의 두 가지 중요한 기능을 한다고 해서 한 글자씩을 따서 지은 이름이 '감사원'(監査院)이에요.

그런데 이렇게 행정 각 부와 기관에서 하는 일들을 검토하고 문제점을 지적하는 역할을 하려면 어떤 특정 기관에 소속되어 있으면 안 되겠죠? 그러면 자신이 소속된 기관의 문제는 지적하기 어려워지잖아요. 그래서 제97조 뒷부분에 '대통령 소속하에 감사원을 둔다'고 명시해서 감사원을 대통령 직속 기관으로 만들어 두었어요. 최대한 독립성을 보장하려고 한 거죠.

직무 감찰 회계 검사

쉽게 비유를 하자면 조선 시대의 암행어사와 같은 역할을 한다고 생각하면 돼요. 암행어사는 왕의 명령을 받아 마패를 들고 전국 방방곡곡을 다니며 백성들을 괴롭히는 탐관오리들을 찾아내서 처벌하는 일을 하잖아요. 이게 전형적인 '직무 감찰'의 역할이에요. 하지만 현대 사회의 암행어사라 불리는 감사원은 '암행'(暗行), 즉 숨어서 다니는 것이 아니라 법과 제도에 따라 당당히 활동하고 있죠.

또 공무원의 비리를 밝혀내는 감찰 업무 못지않게 국가의 살림살이를 살피는 회계 검사의 역할이 아주 커요. 앞에서 국가의 예산안을 심의, 의결하는 역할을 하는 건 국회의 고유 권한으로 이를 통해서 행정부를 견제한다고 했죠? 그런데 행정부의 업무나 예산 규모가 워낙 방대하다 보니 국회에서 이걸 전부 다 세세하게 들여다볼 여력이 부족하거든요. 그래서 제99조에 나와 있는 것처럼 일단 감사원이 한 해의 세입, 세출 그러니까 들어온 세금과 지출한 돈을 모두 검사해 보고 그 결과를 대통령과 국회에 보고하도록 되어 있어요. 국회에서는 그 자료들을 바탕으로 다시 문제가 될 만한 부분이 없는지 검토할 수 있게 되죠.

공무원들에게는 일일이 감시를 받고 때로는 처벌이 내려질 수도 있다는 점에서 불편할 수도 있는 기관이지만, 결국 이렇게 내부적으로 꼼꼼히 단속하고 확인해서 국민들의 권익을 향상시키는 것을 목적으로 하는 헌법 기관이니 국가 전체적으로는 꼭 필요한 곳이에요.

5장

법원과 헌법 재판소

26

법원에도 종류가 있나?

제101조부터가 법원 관련 내용이네요. 그런데 2항에 '법원은 최고 법원인 대법원과 각급 법원으로 조직된다'라고 되어 있어요. 대법원은 알겠는데 '각급 법원'은 뭐죠? 법원에도 여러 종류가 있나요?

대법원은 '클 대'(大) 자를 쓴 것에서 알 수 있듯이 가장 큰 법원, 가장 높은 권위를 가지고 있는 법원이에요. 대법원은 대법원장과 13명의 대법관, 합치면 총 14명의 대법관으로 구성되어 있어요. 헌법에서 법원에 관한 부분을 자세히 읽어 보면 '대법관과 대법관이 아닌 법관'이라는 표현이 여러 번 나와요. 즉, 법관의 종류 역시 대법원에 소속되어 있는 대법관 그리고 대법관이 아닌 다른 법관들로 나누어 볼 수 있죠.

대법원이 아닌 나머지 법원들을 뭉뚱그려서 '각급 법원'이라고 표현하는데 세부적으로 여러 종류가 있어요. 먼저 대법원과 함께 삼심제를 구성하는 고등 법원과 지방 법원이 있죠. 사건의 종류에 따라 약간 차이가 있긴 하지만 사건이 접수되면 일단 지방 법원에서 심리를 진행하고, 여기서 나온 판결에 불복하면 고등 법원, 그다음은 대법원으로 세 번까지 재판을 할 수 있도록 한 제도예요.

2021년 현재 전국에는 고등 법원이 서울, 대전, 대구, 부산, 광주, 수원 등 6곳에 있어요. 주로 큰 도시들이죠? 그리고 각 고등 법원의 아래에 지방 법원이 있는데 지역이 너무 넓을 경우에는 사람들이 지방 법원에 찾아오기도 힘드니까 산하에 '지원'을 두기도 해요. 예를 들어 전주 지방 법원의 산하에는 군산 지원, 정읍 지원, 남원 지원 등이 설치되어 있죠.

"대법원이 아닌 지방 법원, 고등 법원, 특수 법원"

지방 법원과 고등 법원이 재판의 단계, 지역 배치에 관련된 조직 구분이라면 이와는 달리 사건 자체가 특수해서 별도의 법원에서 전문성을 갖춘 판사들에 의해 다루어져야 할 경우가 있어요. 이렇게 특정한 성격의 사건들을 다루는 법원을 '특수 법원'이라고 해요. 대표적인 곳이 특허 문제만을 전담해서 다루는 특허 법원이에요. 그리고 행정 기관에 관련된 소송들을 다루는 행정 법원, 가정 문제와 소년 문제를 주로 다루는 가정 법원도 여기에 속하죠.

가장 최근에 생긴 특수 법원으로는 채무자의 파산, 구제와 관련된 문제를 다루기 위해 2017년에 만들어진 회생 법원이 있어요. 또 가정 법원도 예전에는 서울에만 있었지만 최근에는 인천, 대전, 대구, 부산, 울산, 광주, 수원 등에도 생겨서 좀 더 촘촘한 사법 서비스를 제공하고 있어요.

특수 법원은 사건의 성격에 따른 구분이라고 말씀드렸는데 재판을 받는 당사자의 종류에 따라 구별되는 법원도 있어요. 나라를 지키는 일을 하는 군인들의 경우 전쟁이라는 특수한 상황에서 활동해야 하는 특성이 있기 때문에 군인들에게 적용되는 '군법'이 따로 있어요. 적용되는 법이 다르니 당연히 일반인들과 다른 별도의 법원이 필요하겠죠? 그래서 제110조 1항에 보면 '군사 재판을 관할하기 위하여 특별 법원으로서 군사 법원을 둘 수 있다'고 되어 있죠. 군사 법원은 법원의 종류 가운데 '특별 법원'에 속하는 거예요. 군사 법원 역시 보통 군사 법원과 고등 군사 법원의 두 단계로 나뉘어 구성되어 있어요.

아무리 군인이라 해도 당연히 우리 국민의 한 사람이기 때문에 재판의 결과가 억울하다고 생각해서 상고를 할 경우 최종심은 일반인과 마찬가지로 대법원에서 받도록 되어 있어요. 하지만 전쟁 중과 같이 급박한 상황이라면 이런 절차를 다 밟을 여유가 없겠죠? 그래서 제110조 4항에는 '비상계엄하'에서 군사 재판은 단심, 그러니까 한 번의 재판만으로 항소나 상고 절차 없이 바로 마칠 수 있도록 예외 조항을 두었어요. 그러나 아무리 이런 비상 상황이라 해도 사형을 선고한 경우라면 사람의 목숨을 빼앗는 엄중한 일이기 때문에 반드시 삼심의 절차를 모두 밟도록 규정하고 있죠.

재판은 무조건 세 번까지 할까?

3 어른들이 “재판이라는 건 대법원까지 올라가서 끝까지 해 봐야 아는 거야.”라고 말씀하시는 걸 들은 적이 있어요. 어차피 대법원까지 가야 끝이 나는 거라면 지방 법원, 고등 법원 같은 절차는 왜 필요한지 모르겠어요. 그냥 대법원에서 모든 사건을 다 재판하면 되는 거 아닌가요?

전에 어떤 판사님을 만나서 이야기를 나누다가 혹시 학생들에게 수업할 일이 있으면 이 부분의 오해를 꼭 풀어 달라고 부탁하시는 말씀을 들었어요. ‘삼심제’의 취지를 무조건 세 번 재판을 해 봐야 한다는 것으로 오해하는 분들 때문에 필요 없는 재판들이 늘어서, 본인들에게도 피해가 가고 정작 필요한 다른 재판들의 일정이 밀리는 일도 많다고 하시더군요. 재판은 따지고 보면 법을 매개로 다툼을 벌이는 일이기 때문에 당사자들 입장에서는 상당히 힘든 일이에요. 돈도 많이 들고 마음도 불안해지고요. 그러니 가능하면 재판이 빠르고 짧게 진행되는 편이 좋겠죠? 그래서 우리나라를 비롯한 여러 나라들에서 절차의 간소화, 전산화를 통해 국민들의 편의를 높이려고 노력하고 있어요.

하지만 동시에 우리나라에서는 한 사건에 대해 세 번까지 재판을 받을 수 있도록 하는 ‘삼심 제도’를 채택하고 있어요. 빠른 재판이 중요하다면서 재판을 세 번이나 거듭하는 게 이상하다고 생각할 수도 있어요. 하지만 사람들의 재산, 신체적 자유 같은 중요한 문제가 달려 있는 재판에서 속도보다 중요한 것은 공정한 판결이 아니겠어요? 재판 과정에서 법조인들이 최선을 다한다 해도 사람이 하는 일이니 실수가 있을 수도 있고, 증거에 대한 검토가 잘못 되었을 수도 있으니 최대한 신중을 기해서 국민들의 기본권을 지켜야 한다는 취지로 세 번까지 재판을 받을 수 있도록 한 거예요.

반대로 보자면 삼심 제도는 최대 세 번까지만 재판을 받을 수 있다는 제한을 의미하기도 해요. 자신이 억울하다는 이유로 한없이 소송을 반복한다면 개인적으로나 사회적으로나 시간과 비용의 심각한 낭비일 테니까요. 그래서 고려 시대에는 다섯 번 승소한 경우 판결을 확정하는 법도 있었고, 조선 시대의 법전인 『경국대전』에는 세 번 승소하면 끝나는 '삼도득신법'이 담겨 있었어요. 하지만 이것도 재판이 너무 길어지는 문제가 있어서 나중에 『대전회통』이라는 법전에서는 하나의 송사에서 두 번 연달아 승소를 하면 판결이 확정되는 것으로 바뀌었어요.

현재 우리나라에서는 지방 법원, 고등 법원, 대법원의 3심 가운데 최종심의 결과에 따르도록 되어 있어요. 이렇게 법원이 세 개의 단계로 나뉘어 있는 것을 '심급 제도'라고 해요. 지방 법원의 판결에 불복해서 고등 법원에 판단을 구하는 것을 '항소', 다시 대법원으로 올리는 것을 '상고'라고 하죠. 경미한 사건의 경우는 지방 법원 단독부 – 지방 법원 합의부 – 대법원의 단계로 가기도 해요.

선거 재판은 빠른 판결이 필요해

주의할 점은 모든 사건이 다 세 번의 재판을 하는 것은 아니라는 거예요. 재판의 공정성도 중요하지만 빠른 판결이 반드시 필요한 경우도 있거든요. 예를 들어 선거 재판의 경우는 너무 재판이 길어지면 선거로 선출된 사람의 임기가 끝나 버릴 수도 있기 때문에 한 번 혹은 두 번의 재판으로 마무리가 돼요. 앞 장에서 이야기한 것처럼 전쟁 중에 급하게 이루어져야 하는 군사 재판의 경우도 한 번으로 끝낼 수 있어요.

그럼 재판 결과가 확정되고 난 다음에 중요한 증거가 새로 나온다면 어떻게 할까요? 예를 들어서 살인죄로 감옥에서 형을 치르고 있는 중에 뒤늦게 진범이 잡히는 경우들이 뉴스에 가끔 나오잖아요. 이렇게 사실 인정에 중대한 오류가 있는 경우는 재판을 다시 하는 '재심 제도'를 통해서 판결을 바로 잡을 수 있어요. 하지만 역시 재판은 너무 길어지지 않는 것이, 가능하다면 처음부터 그런 법적 다툼에 휘말리지 않는 것이 가장 좋은 일이겠죠?

재판을 왜 공개할까?

제109조에 보니까 '재판의 심리와 판결은 공개한다'고 되어 있네요. 어, 그러면 아무나 가서 재판을 볼 수 있는 거예요? 미성년자인 저도 가서 볼 수 있어요? 내가 재판을 받는 입장이면 좀 부끄럽고 불편할 것 같은데요. 재판은 관련된 사람들만 모여서 하는 게 맞는 거 아닌가요?

재판은 원칙적으로 누구나 가서 볼 수 있기 때문에 여러분도 가서 방청할 수 있어요. 어떤 학교는 선생님이 학생들을 데리고 법원에 견학 가서 단체로 방청하는 경우도 있더라고요. 꽤 인상적인 경험이니까 여러분도 한번 시간을 내서 재판정에 가 보는 경험을 하길 권해요. 아, 우리나라의 사법 제도가 이렇게 운영되고 있구나 하고 실감이 되죠.

아무리 그렇다고는 하지만 재판을 벌이는 당사자들의 입장에서는 이렇게 구경꾼들이 들어오는 것을 불편해하지 않을까 하는 질문인 거죠? 물론 그럴 수도 있지만 경우에 따라서는 그 반대일 수도 있어요. 여러분이 죄가 없는데 억울하게 체포되어서 재판을 받게 된 상황이라고 상상해 보세요. 만약 판사, 검사, 변호사 등 관련자들만 작은 방에 모여서 재판을 받게 된다면 혹시 말도 안 되는 주장이나 논리로 내가 잘못된 판결을 받게 될까 봐 두렵지 않을까요? 하지만 많은 사람들의 눈이 지켜보고 있는 상황이라면 그런 어이없는 일은 벌어지지 않을 테니 당연히 공개 재판이 더 안심이 될 거예요.

공정한 재판을 위해 공개하지만 비공개로 이루어지기도

재판을 모든 사람들이 볼 수 있도록 하는 '공개 재판주의'는 이렇게 공정한 재판을 통해 국민들의 기본권을 지켜 주려는 의도에서 만들어진 원칙이에요. 또한 재판은 단순히 두 당사자만의 일이 아니라 우리 사회의 보편적인 규범을 적용하고 여러 사람에게 알리는 역할을 하는 것이기 때문에 공개 재판을 통해 사회적 합의 수준을 끌어올리려는 의도도 있죠.

하지만 질문한 학생이 우려하고 있는 부분도 일리가 있어요. 다른 사람들에게 드러내 보이기 어려운 아주 부끄러운 일, 혹은 너무 잔인하거나 비도덕적인 사건이라서 일반인들에게 나쁜 영향을 줄 수 있는 사건의 경우는 공개하지 않는 편이 더 나을 거예요. 그래서 제109조의 뒷부분에 '국가의 안전 보장 또는 안녕질서를 방해하거나 선량한 풍속을 해할 염려가 있을 때에는 법원의 결정으로 공개하지 아니할 수 있다'고 단서 조항을 붙여 놓았죠. 예를 들어 형사 사건에서 피해자가 미성년자일 경우 피해자를 보호하기 위해 증인 신문 과정 등이 비공개로 이루어지는 경우가 많아요.

이밖에도 국민들을 보호하기 위한 재판의 원칙으로 '일사부재리의 원칙'도 있어요. 한번 판결이 난 사건에 대해서는 '부재리'

그러니까 '다시 재판하지 않는다'는 원칙이에요. 국가가 형벌권을 행사하는 형사 소송 사건에서 한번 최종 판결이 난 사건에 대해서 다시 거듭해서 재판을 하면, 그 자체로 국민들에게는 형벌이나 다름없는 고통이 될 수 있기 때문에 그렇게 하지 않는 것을 원칙으로 하는 것이죠.

헌법 제13조 1항의 뒷부분에도 '동일한 범죄에 대하여 거듭 처벌받지 아니한다'라고 되어 있는데 이 내용 자체는 한번 처벌했으면 또 처벌하지 않는다는 '이중 처벌 금지'의 원칙을 보여 주고 있지만, 더 나아가서 한번 다룬 사건을 또 재판하지 않는다는 일사부재리 원칙도 담고 있는 것으로 해석되어요. 하지만 재판 과정 자체에 심각한 문제가 있었다면 어떨까요? 예를 들어 증거가 조작되었다거나 증언이 허위였다거나 하는 등의 심각한 문제가 뒤늦게 밝혀지는 경우는 예외적으로 재심을 청구해서 재판이 다시 열릴 수도 있어요.

대법원과 헌법 재판소는 역할이 다르다고?

111

제111조부터는 헌법 재판소에 관련된 내용들이 나오네요. 대법원하고 헌법 재판소하고 어디가 더 높아요? 저는 헌법 재판소가 가장 높은 법인 '헌법'을 다루는 곳이니까 법률로 재판하는 대법원보다 더 높은 곳일 거 같아요. 제 말이 맞죠?

어이쿠, 이 질문이 또 나왔네요. 헌법 재판소에 대한 이야기를 꺼내면 학생들이 제일 먼저 하는 질문이 이거예요. 헌법 재판소에 견학 가면 안내를 해 주시는 헌법 연구원 분들이 이 질문을 너무 많이 받아서 지겨울 정도라고 하시더군요. 이번 기회에 정확히 알아 두면 좋겠네요.

국가 기관들은 어디든 높다, 낮다로 판단하기보다는 서로 다른 일을 하는 곳이라고 이해하는 것이 정확해요. 결국 핵심은 최종적으로 국민들에게 도움이 되는 서비스를 제공하는 것이니까요. 법원은 우리가 알고 있는 대로 법을 적용해서 재판을 하는 곳이에요. 재판의 결과로 내려지는 것이 판결이죠. 그런데 방금 제가 '법을 적용해서'라고 말씀드렸잖아요. 만약 판사가 판결을 내리려고 해당 법률을 들여다봤더니 내용이 좀 이상하다는 생각이 들었다면 어떻게 해야 할까요? 혹은 처벌을 받게 된 국민의 입장에서 자신에게 적용되는 법률의 내용이 잘못되었다고 주장할 수도 있지 않겠어요?

우리 형법에서는 임신한 여성이 낙태를 하는 경우 '낙태죄'로

1년 이하의 징역, 낙태를 도와준 의사도 2년 이하의 징역으로 처벌하도록 되어 있었어요. 하지만 어떤 여성이 자신의 의사와 달리 원치 않는 임신을 하게 되었다거나 아이를 낳아서 기를 만한 경제적, 환경적 여건이 되지 않아 낙태를 원하는 경우도 있을 수 있잖아요? 여성이 자기 자신의 신체임에도 불구하고 일단 임신을 하면 무조건 낳도록 국가가 형벌로 강요하는 것이 옳은가 하는 문제가 오랫동안 제기되었어요. 물론 태아도 생명이니까 존중해야 한다는 주장도 일리가 있지만, 완전히 생명체로 성장하기 전 단계에서는 제한적으로라도 낙태를 허용하지 않으면 여성의 자기 결정권을 과도하게 침해하는 것이라는 의견이었죠. 이렇게 재판의 근거가 되는 법률이 문제가 될 경우 헌법에 비추어 옳은지의 여부를 따지는 역할을 하는 곳이 바로 헌법 재판소예요.

"여성의 자기 결정권을 침해하면 안 돼"

낙태죄의 문제도 2017년 2월 헌법 재판소에 문제가 제기되어 2년간의 논의를 거친 끝에 2019년 4월 11일 최종적으로 '헌법 불합치' 결정을 내렸어요. 헌법 재판소는 "임신한 여성의 자기 결정권을 제한하고 있어 침해의 최소성을 갖추지 못했고, 태아의 생명 보호라는 공익에 대해서만 일방적이고 절대적인 우위를 부여해 임신한 여성의 자기 결정권을 침해했다."로 판단했어요. 즉, 태아의 생명 보호라는 공익도 중요하지만 여성의 자기 결정권도 동등하게 존중받아야 하는데, 너무 한쪽에만 치우친 법률은 잘못되었기 때문에 수정되어야 한다는 것이었죠. 대략 임신 후 22주까지는 낙태가 가능하도록 해서 여성의 자기 결정권을 존중하되, 22주 이후부터는 낙태를 엄격하게 제한해서 생명권 보호를 강화하는 쪽으로 법이 수정되어야 한다는 의견이었어요.

정리해서 다시 말씀드리자면 법원은 재판을 통해 판결을 내리는 역할을 하는 곳이고, 헌법 재판소는 판결의 근거가 되는 법률이 헌법에 비추어 어긋나는지의 여부를 판단해서 결정을 내리는 곳이에요. 그래서 '판결' 대신에 '결정'이라는 표현을 사용하죠. 헌법 재판소의 결정은 그 영향력이 매우 크기 때문에 우리 사회에 전환점을 가져오는 경우가 많아요. 그 사례들은 뒤에 이어지는 6장에서 소개해 드릴게요.

30

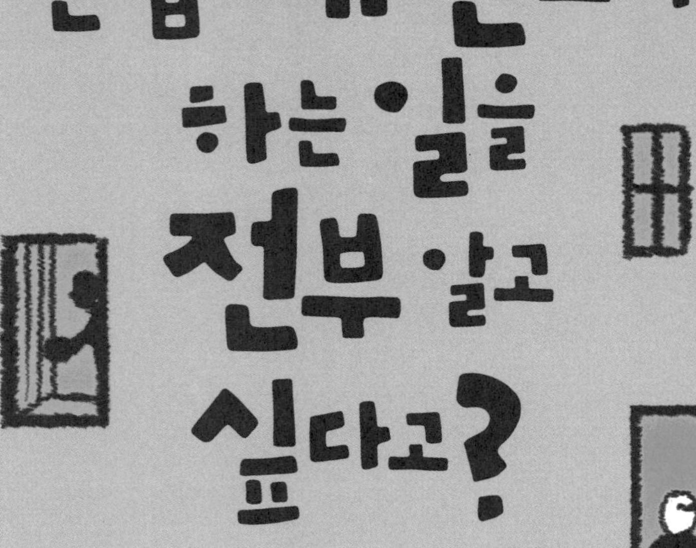
헌법 재판소가
하는 일을
전부 알고
싶다고?

헌법 재판소가 하는 일이 법률이 헌법에 어긋나는지의 여부를 판단하는 거라고 하셨는데 제111조 1항에 보니까 헌법 재판소가 하는 일이 아주 많네요. 헷갈릴까 봐 한 개만 알려 주신 거예요? 마음 단단히 먹고 들을 테니까 전부 다 알려 주세요.

원래 헌법 재판소가 하는 가장 핵심적인 역할이 위헌 여부의 심판이라서 대법원과 대비해서 이해하기 쉽게 설명했던 거였어요. 헌법 재판소가 하는 일, 즉 헌법 재판소의 권한은 크게 보면 위헌 법률 심판, 헌법 소원 심판, 탄핵 심판, 정당 해산 심판, 권한 쟁의 심판 이렇게 다섯 가지예요. 하나씩 설명드릴게요.

먼저 앞에서 '마버리 사건'을 얘기했던 거 기억나세요? 미국의 연방 대법원이 헌법에 비추어서 법률을 판단하는 '사법 심사'를 시작했다고 말씀드렸죠? 원래 이게 헌법 재판소의 가장 중요한 역할인 '위헌 법률 심판'이에요. 제111조 1항 1호에 '법원의 제청에 의한 법률의 위헌 여부 심판'이라고 되어 있는 부분이죠. 이 내용을 자세히 보면 '법원의 제청에 의한'이라고 되어 있잖아요. 그러니까 재판을 맡은 판사가 '어, 이 법은 좀 이상한데? 헌법 재판소에 판단해 봐 달라고 요청해야지'라고 해야 위헌 법률 심판이 시작되는 거예요.

그런데 만약 판사는 법에 문제가 없다고 생각하지만 사건의 당사자는 적용되는 법이 이상하다고 생각해서 헌법을 바탕으로 판단을 받아 보고 싶다면 어떻게 하면 될까요? 이 경우 국민 개인이 직접 헌법 재판소에 판단을 요청할 수 있는 제도가 '헌법 소원'이에요. 이렇게 재판에 관련된 법률문제가 아니더라도 국가의 공권력으로 이루어진 일 때문에, 혹은 반대로 공권력이 꼭 해야 할 일을 제대로 하지 않아서 헌법상 보장된 기본권이 침해된 국민도 헌법 소원 심판을 청구할 수 있어요. 이렇게 보면 헌법 소원의 범위가 상당히 넓고 국민들에게는 더 직접적으로 다가오는 제도라고 할 수 있죠?

"판사가 요청하면 위헌 법률 심판, 국민이 요청하면 헌법 소원 심판"

'탄핵 심판'은 2017년 국민들의 촛불 시위로 현직 대통령이 탄핵되어 헌법 재판소에서 파면 결정이 내려지면서 많은 사람들에게 깊은 인상을 남겼던 제도예요. 행정부의 고위직 공무원이나 법관 등 신분이 보장된 공무원은 직무상 중대한 잘못을 저질렀어도 일반적인 사법 절차나 징계 절차로 처벌하기가 어렵거든요. 이 경우 의회에서 탄핵을 의결하면(이걸 소송을 제기한다, 처벌을 요구한다고 해서 '소추'한다고 해요) 최종적으로 헌법 재판소에서 탄핵을 결정하는 심판을 하게 돼요. 고위 공직자에 의해 헌법의 원칙이 침해되는 것을 막는 일이기 때문에 헌법 재판소에서 최종 결정을 내리는 거죠.

'정당 해산 심판'도 마찬가지로 민주적 기본 질서에 위배되는 정당의 활동으로 인해 헌법적 원칙, 국민들의 기본권과 국가의 안전이 침해되는 것을 막기 위한 제도예요. 앞서 탄핵 심판은 국회에서 의결해서 헌법 재판소로 넘겨지는 과정을 밟았지만 정당 해산 심판은 정부에 의해 시작돼요. 정당의 목적이나 활동이 민주적 기본 질서에 위배된다고 판단될 경우 정부가 국무 회의의 심의를 거쳐 헌법 재판소에 정당 해산 심판을 청구하고, 헌법 재판소가 결정을 하는 거죠. 자칫하면 정치적 반대 세력들을 탄압하는 수단으로 사용될 수도 있기 때문에 주의가 필요한 권한이에요. 현재까지는 2014년 12월 통합진보당 해산 결정이 우리 헌정 사상 유일한 정당 해산 결정이었어요.

마지막으로 '권한 쟁의 심판'은 국민이 직접 관련된 것이 아니라 국가 기관 간 권한의 다툼이 발생한 경우에 헌법 재판소가 결정을 내리는 거예요. 1997년 임시 국회에서 국회 의장 주도로 기습적으로 법안이 처리된 것에 대해 국회 의원들이 낸 권한 쟁의 심판에서, 국회 의장이 절차에 따르지 않았기 때문에 국회 의원들의 권한을 침해했다는 결정이 나온 적이 있어요. 하지만 가장 많은 건 역시 지방 자치 단체 간의 다툼이에요.

2009년 태안군과 옹진군이 경계 지역에 있는 섬에서 모래

채취 허가 권한이 누구에게 있는가를 다툰 끝에 권한 쟁의 심판을 통해 옹진군의 권한으로 인정되었죠. 2015년 홍성군과 태안군은 어장 관할권을 놓고 쟁의가 생겨서 헌법 재판소로부터 관할권을 나누라는 결정을 받기도 했어요. 만약 헌법 재판소가 이렇게 최종적인 결정을 내려 주지 않았다면 국가 기관 간의 다툼과 혼란이 끝없이 이어졌을 수도 있으니 국민들과 직접 관련은 없다 할지라도 역시 아주 중요한 권한이에요.

6장

우리나라를 바꾼 헌법 재판소의 결정

31

같은 성을 가진 사람들은 결혼할 수 없다고?

동성동본 금혼 폐지

헌법 재판소의 결정 중에 사회적으로 큰 이슈가 되었던 최초의 사건이 '동성동본 금혼 폐지'라고 들었어요. 그럼 전에는 성이 같으면 결혼을 할 수 없었던 건가요? 우리나라에는 아주 흔한 성도 여러 개 있잖아요. 지금은 결혼이 다 가능한 거죠?

일단 약간 오해가 있는 것 같아서 몇 가지 기본적인 내용들을 짚어 볼게요. '동성동본'(同姓同本)은 성씨만 같은 것이 아니라 '본', 그러니까 '본관'(本貫)까지 같은 경우를 말해요. '광산 김씨', '전주 이씨', '밀양 박씨' 같은 말을 들어 보셨죠? 여기서 광산, 전주, 밀양이 시조의 고향이 되는 지역 즉, '본관'이고 김씨, 이씨, 박씨가 '성'에 해당돼요. 그러니까 동성동본 금혼은 성씨뿐 아니라 본관까지 같은 경우 친척으로 보아 결혼을 금지하는 제도였어요.

이 제도는 중국의 주나라까지 거슬러 올라가요. 주나라는 종법 제도라는 가족을 중심으로 하는 통치 제도를 운영하던 나라였어요. 가족끼리 결혼을 하게 되면 촌수 계산이 흐트러지면서 누가

종법 제도 주나라 때 상층 사회의 제도로, 적자 가운데 첫째 아들이 아버지 지위를 계승해 대종이 되고, 둘째 아들 이하는 소종이 되는 친족 제도의 형식이다. 대종은 종가를 구성하고 종가 가장이 모든 종족의 대표자가 된다. 소종은 대종을 떠받들어야 했고, 각종 의무를 다해야만 했다.

위이고 아래인지 구분할 수 없게 되어서 혼란이 오는 것을 예방하기 위해 동성동본 금혼 제도를 두었어요. 우리나라도 조선 시대에 유교를 사회의 근본 원리로 삼으면서 『속대전』, 『형법대전』 같은 법에서 동성동본은 결혼을 할 수 없도록 제도화했죠.

그런데 인구가 증가하고 해방 이후 모든 국민들이 성과 본을 갖도록 제도화되면서 흔한 성의 경우 동성동본인 사람들이 상당히 많아졌어요. 그러자 사랑하는 사이인데도 결혼할 수 없는 문제가 생겨나기 시작했어요. 결국 법적으로는 결혼할 수 없지만 함께 살아가고 있는 '사실혼' 관계의 가정들이 늘어나자 이 문제를 해결하기 위해 일시적으로 혼인 신고를 허용해 주었다가 다시 금지하기를 반복했죠. 1977년, 1987년, 1995년 세 차례의 임시 조치를 통해 구제받은 가정이 자그마치 44,827쌍이나 되었어요. 어마어마한 숫자죠. 그래서 1995년 동성동본 금혼을 규정한 민법 조항에 대한 헌법 소원이 제기되었어요.

동성동본 금혼을 주장한 측의 주요한 근거는 가족 내에서 결혼이 이루어지면 유전적으로 점점 열성이 될 수 있다는 우생학적 이유, 그리고 우리 사회의 오래된 전통을 함부로 없애면 혼란이 올 수 있다는 이유였어요.

“유전자는 어머니, 아버지 양측으로부터 받는 것”

하지만 동성동본 결혼 허용을 주장한 측에서는 이 두 주장이 모두 근거가 부족하다고 반박해요. 무엇보다 동성동본은 흔한 성의 경우 각각 몇백만 명이 넘는 엄청난 숫자인데 이 모든 사람들을 혈연이 이어진 가족으로 보기도 어렵다고 말해요. 또 성과 본은 남성 쪽만 따지는 것인데 어차피 유전자는 아버지, 어머니 양측으로부터 절반씩 받는 것인데 어머니 쪽 유전자는 문제가 안 된다는 것도 말이 안 된다는 거죠. 더 나아가 우생학 자체가 과학적 근거가 부족하다는 주장을 펼쳤어요. 또한 오래된 전통이라 할지라도 현대 사회의 변화에 더 이상 맞지 않고 오히려 사람들에게 큰 고통을 주고 있다면 바뀌는 것이 옳다는 것이지요.

결국 1997년 7월 16일 헌법 재판소는 헌법 제10조에서 보장하고 있는 인간의 존엄성과 행복 추구권을 침해한다는 이유로 동성동본 금혼법에 헌법 불합치 결정을 내려요. 이에 따라 2005년 법 개정이 이루어져서 현재는 8촌 이내의 혈족만 결혼을 금지하는 근친혼 금지 규정으로 바뀌게 되었죠. 2019년에는 이 8촌 혈족의 범위도 너무 넓어서 역시 기본권 침해 소지가 크다는 헌법 소원이 제기되어 2021년 3월 현재 헌법 재판소에서 치열한 공방이 이어지고 있어요.

1997년 동성동본 금혼 폐지 결정은 헌법 재판소가 관심의 초점이 되는 대표적인 계기가 되었어요. 헌법 재판소의 결정이 직접적으로 우리의 생활에 큰 영향을 줄 수 있다는 것과 잘못된 관습을 바로잡는 힘이 있다는 것을 국민들이 피부로 느끼게 되었기 때문이죠. 그래서 이후 헌법을 바탕으로 사회가 변화하는 여러 사건들 가운데 신호탄을 쏜 것으로 평가되고 있죠.

32
남자만
가족을 대표할 수
있다고?
호주제 폐지

어차피 유전자는 아버지, 어머니에게서 똑같이 절반씩 받는데 아버지 쪽 혈연관계만 따지는 게 별 의미가 없다는 말씀이 정말 맞는 거 같아요. 그리고 좀 더 생각해 보니 성을 아버지 쪽만 따르는 것도 이상한 거 같아요. 여자는 가족을 대표할 수 없나요?

앞서 이야기한 바와 같이 오랜 세월 동안 남자를 중심으로 한 부계제가 많은 사회에서 받아들여져 왔어요. 그 가운데서도 우리나라는 유교적 질서가 오랫동안 자리를 잡은 영향으로 남녀를 차별 대우하는 사회 제도들이 많았는데, 대표적인 것이 '호주제'였어요. '집 호(戶)'에 '주인 주(主)'니까 집안의 주인 혹은 대표를 '호주'라고 부르는데, 우리나라의 호주제에서는 남자가 우선시되었어요. 기본적으로 아버지가 호주가 되고, 아버지가 돌아가시면 어머니가 아니라 아들이, 아들이 없으면 딸이, 딸조차 없어야 비로소 어머니가 호주가 될 수 있었죠. 그러니까 호주제 하에서 여자는 결혼을 하면 '남편의 아내'였다가 남편이 죽으면 '아들의 어머니'로만 기록되었던 셈이죠.

결혼을 해서 태어난 아이가 자동으로 아버지의 성을 따르게 된 것도 이런 제도에 기반한 것이었어요. 그러다 보니 이혼을 해서 아이를 키우게 된 여성이 재혼을 해도 아이의 호적을 옮기려면 친아버지의 동의를 얻어야 하고, 아이의 성은 전남편의 성을 그대로 따르게 되어 새아버지와 아이의 성이 달라지는 황당한 일이 벌어지기도 했어요.

"시민 단체가 힘을 모아 호주제 폐지"

호주제가 유교적 질서가 바탕을 이루던 사회, 농경을 중심으로 한 대가족 사회에서는 필요한 제도였을지 몰라도 현대 사회에서는 더 이상 필요를 찾기 어려울 뿐 아니라, 여성의 권리를 과도하게 차별하는 제도로 평등한 가족 관계를 만들어 나가는 데 큰 걸림돌이었죠. 호주제를 폐지하자는 주장은 1958년 우리나라에서 민법이 처음 만들어진 이래로 계속해서 제기되어 온 여성계의 숙원과도 같은 것이었어요. 이런 움직임은 1990년 이후 본격화되어 여러 시민 단체들이 꾸준히 노력을 기울인 결과 2000년 9월 114개의 시민 단체가 힘을 모아 '호주제 폐지를 위한 시민 연대'를 만들고, 이듬해인 2001년 호주제를 폐지해 달라는 헌법 소원을 헌법 재판소에 제출했어요.

호주제가 우리 사회의 전통이므로 폐지하면 혼란을 가져올 것이니 유지해야 한다, 이참에 전면적으로 폐지해서 새로운 가족 관계를 마련해야 한다, 그냥 문제가 되는 부분만 수정하면 안 될까 등등 다양한 의견들이 제시되어 뜨거운 사회적 논란이 이어진 끝에 4년 만인 2005년 드디어 헌법 재판소의 결정이 내려졌어요.

헌법 재판소는 헌법이 국가의 최고 규범이기 때문에 전통적인 가족 제도라도 헌법의 틀에서 벗어나면 안 된다고 전제하고, 호주제는 남녀를 차별하는 제도로 개인의 존엄과 양성 평등이라는 헌법 정신에 어긋나기 때문에 폐지되어야 한다며 헌법 불합치 결정을 내렸어요. 이에 따라 2008년 호적 대신 가족 관계 등록부를 도입한 새로운 민법이 시행되면서 호주제는 폐지되었어요.

새로운 민법에 따라 자녀의 성도 꼭 아버지의 성만 따라야 하는 것이 아니고 부모가 혼인 신고 시 협의한 경우엔 어머니의 성도 따를 수 있게 되었어요. 하지만 만약 부부 간에 협의가 이루어지지 않으면 원칙적으로 아버지의 성을 따르도록 되어 있어서 여전히 여성이 상대적으로 차별받는다는 비판이 있어요. 또 출산 시 협의에 따라 아이의 성을 바꿀 수 있도록 해야 하고, 형제자매 사이에 각기 다른 성을 부여할 수 있어야 한다는 주장도 있어요. 여러분의 생각은 어떤가요?

33

예술 작품도 국가의 심사를 받아야 한다고?

검열 폐지

오랫동안 기다리던 SF 영화가 개봉을 해서 영화관에 가려고 했는데 15세 관람 가여서 부모님이 안 된다고 하시더라고요. 국가가 미리 심사를 해서 국민들에게 봐라, 보지 마라 이렇게 제한을 가하는 것도 기본권 침해 아닌가요? 헌법에 어긋나는 거 같은데요?

계속 헌법을 공부하다 보니 이제 생활 속의 문제들을 헌법과 연관해서 생각하는 눈을 갖게 되었네요. 아주 좋은 현상이에요. 실제 판례와 함께 생각해 볼까요?

1970년대만 해도 국가적으로 음악, 영화 등 예술 작품에 대한 통제가 강했어요. 1975년 한 해에만 국내 가요 223곡, 외국 가요 260곡이 금지곡으로 묶였는데 그 이유도 어이가 없는 게 많았죠. 한대수의 〈행복의 나라로〉 같은 경우는 '다들 행복의 나라로 갑시다'라는 가사가 현재 우리나라는 행복하지 않다고 비판하는 것이라는 억지 논리로 금지될 정도였어요.

이렇게 사전에 심사를 통해 걸러 내는 일을 '검열'이라고 하는데 국가에서 개인의 표현물이라고 할 수 있는 언론, 출판, 학문, 예술에 대해 일일이 검열하게 되면, 결과적으로 자유로운 의사 표현을 막아서 민주주의를 황폐화시키는 치명적인 문제를 가져오게 돼요. 그래서 헌법 제21조 2항에는 '언론·출판에 대한 허가나 검열과 집회·결사에 대한 허가는 인정되지 아니한다'라고 명시되어 있죠. 하지만 헌법 조항이 버젓이 있음에도 여전히 검열 제도는 없어지지 않았어요.

결국 1992년 해직 교사 문제를 다룬 영화 〈닫힌 교문을 열며〉, 5·18 민주화 운동을 다룬 영화 〈오! 꿈의 나라〉를 공연 윤리 위원회의 사전 심의를 받지 않고 상영해서 재판을 받던 두 사람이 헌법 재판소에 위헌 여부를 판단해 달라고 요청해요. 헌법 재판소는 어떻게 판단했을까요?

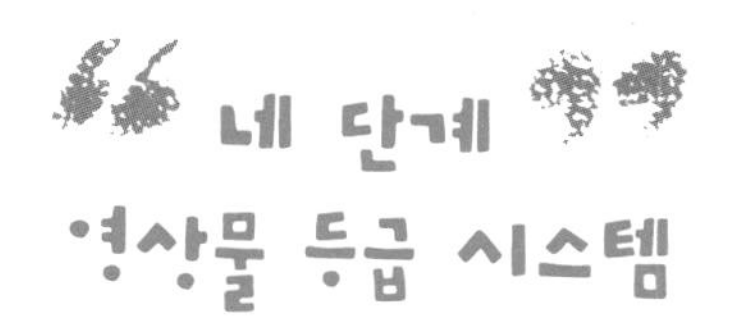

헌법 재판소는 4년간의 논의를 거쳐 1996년 최종 결정을 내려요. 일단 영화에서 자극적으로 표현되는 음란성, 폭력성 표현물이 청소년들에게 나쁜 영향을 줄 가능성은 분명히 있기 때문에 사전에 청소년들이 접근하지 못하도록 막을 필요성이 있다는 점은 인정해요. 하지만 아예 상영 금지 조치를 하거나 사전 심의를 안 받으면 형사 처벌까지 가능하도록 한 것은 명백하게 헌법에서 금지하고 있는 사전 검열에 해당하고, 이런 사전 검열이 허용되면 국민들이 자유롭게 예술 활동을 할 수 없을 뿐 아니라 권력자의 입맛에 맞는 의견만을 허용해서 민주주의를 저해할 우려가 있다는 이유를 들어 위헌 결정을 내려요. 그래서 사전 심의는 폐지하되 청소년을 보호할 수 있도록 영화를 단계별로 분류하는 '등급 분류 제도'로 바뀌게 돼요.

그런데 위헌 결정으로 개정된 영화법의 등급 분류 제도에는 가장 강력한 '등급 보류'가 있었는데, 이 경우 등급을 받지 못해서 상영이 불가능해지기 때문에 사실상 검열과 다름없다는 비판이 다시 제기돼요. 헌법 재판소는 2001년 8월 30일 등급 보류 제도에 대해 또 위헌 결정을 내렸고 이에 따라 다시 개정된 법이 현재의 영상물 등급 시스템이에요. 전체 관람 가, 12세 이상 관람 가, 15세 이상 관람 가, 청소년 관람 불가의 네 단계가 있지요.

앞에서 헌법 제37조 2항의 국민의 기본권 제한 부분을 설명드리면서 기본권이라고 해서 무조건 다 보장해야 하는 것은 아니고, 공익을 위해 필요한 경우에 제한할 수 있지만 근본적인 내용은 침해할 수 없다고 말씀드렸죠? 아예 상영 자체를 막는 근본적인 제한은 위헌이지만, 청소년에게 해가 될 수 있는 영상물을 연령을 나눠서 제한하는 것은 필요한 제한이라고 사회적으로 인정되고 있는 상황이에요.

34

신념에 따라 병역을 거부할 수 있을까?

양심적 병역 거부

음, 국가가 필요한 경우에 내가 하고 싶은 일을 막을 수도 있다는 얘기인데 그럼 진짜로 하기 싫은 일까지 국가가 억지로 강제하는 것도 가능할까요? 예를 들어 국가에서 필요하다고 판단하면 엄청나게 부끄러운 일이나 사랑하는 사람에게 해를 입히는 일도 해야 하는 거예요?

아주 좋은 지적을 해 줬어요. 아무리 국가적인 차원에서 공익을 위해 필요한 일이라 해도 기본권의 본질적인 내용을 침해해서는 안 되겠죠? 그럼 본질적인 내용은 과연 뭘까요? 일차적으로는 내 생명이겠지만 생명에 못지않게 내가 도저히 할 수 없는 일도 본질적이라고 할 수 있을 거예요. 질문해 줬던 것처럼 견딜 수 없이 부끄러운 일이나 가족에게 해를 입히는 것 같은 일을 한다면 아마 나 자신이 더 이상 정상이 아니라고 느껴질 거예요. 그러니 나라는 본질이 파괴되는 듯한 느낌이 들겠죠.

2장에서 설명했던 '양심'의 문제도 그런 본질 가운데 하나일 거예요. 이와 관련해서 우리나라에서 가장 첨예하게 의견이 엇갈렸던 문제는 '양심적 병역 거부'였어요. 개인적인 신념, 종교적 믿음 때문에 군인이 되어 무기를 들 수 없다고 거부하는 이들을 국가가 형벌권을 동원해서 처벌하고 억지로 군대에 가게 하는 게 타당한가의 문제죠.

2002년 종교적인 이유로 입대를 거부한 사람이 재판에 회부되자 해당 재판부는 병역법이 헌법에 어긋나는지 판단을 구하는 위헌 법률 심판을 제청해요. 헌법 재판소의 재판관들도 고민이 많이 됐을 거예요. 원치 않는 사람은 군대에 가지 않아도 된다고 쉽게 배려해 줄 수 있으면 좋겠지만, 사실 오랜 시간 동안 힘든 훈련과 근무를 견뎌야 하는 군대에 가고 싶은 사람이 얼마나 있겠어요. 게다가 북한과 휴전 상태로 대치하고 있는 우리나라의 상황을 고려하면 군대에 안 가도 된다거나, 다른 일을 하는 것으로 군대를 대신하는 대체 복무를 허용하면 사람들이 그쪽으로 전부 몰려서 국방이 흔들릴 위험도 고려하지 않을 수 없었을 거예요. 그래서 헌법 재판소는 2004년 이 사건에 대해 합헌 7, 위헌 2로 양심적 병역 거부자를 처벌하는 것이 타당하다는 결정을 내려요. 하지만 사회적 합의가 성숙되면 대체 복무제 등 양심을 보호하는 조치를 계속 생각해 봐야 한다고 단서를 달죠.

양심적 병역 거부자를 위한 대체 복무제 시행

결국 14년의 세월이 지난 2018년 6월 18일 다시 한 번 제기된 헌법 소원 사건에 대해 헌법 재판소는 아예 병역 의무를 이행하지 않으려고 하는 병역 기피자들을 처벌하는 법 조항은 합헌이지만, 군 복무 대신 다른 어떤 역할이라도 하려는 병역 거부자들을 위해 대체 복무제를 규정하지 않는 것은 위헌이라는 입장 변화를 보여요. 즉, 대체 복무 제도를 공식적으로 도입하기로 한 거죠. 이에 따라 2019년 대체 복무 법안이 통과되었고 국방부에서는 양심적 병역 거부자들이 교도소, 구치소 등에서 육군 병사보다 두 배가 긴 3년간 근무하도록 했어요.

양심적 병역 거부는 종교적 이유가 아니더라도 '진정한 양심'이라는 점이 확인되면 법적으로 인정될 수 있어요. 에이, 다들 군대 가기 싫어서 '난 진짜 평화가 목숨처럼 소중한 신념이다'라고 주장할 텐데 진정한 양심을 어떻게 확인하겠나 싶죠? 2021년 2월의 대법원 판결을 하나 소개해 드릴게요.

A씨는 어려서부터 아버지에게 폭력을 당하는 어머니를 보고, 자신도 폭력을 당하면서 고통을 겪어 왔어요. 그리고 군인이 헬기에서 기관총을 난사해서 민간인을 학살하는 영상을 보고 큰 충격을 받아, 폭력을 거부하고 전쟁에 절대적으로 반대하는 신념을 갖게 되었다고 해요. 군대를 안 가려고 하다가 어머니가 간곡하게 설득해서 입대했지만, 결국 폭력과 전쟁에 반대하는 본인의 신념이 더욱 강해져서 제대하고 난 후에는 예비군 훈련 참여를 거부했어요. 일 년에 며칠만 훈련을 받으면 되는 것이었지만, 수년간 여러 차례 조사와 재판을 받으면서도 신념을 꺾지 않고 훈련을 거부했고 그 때문에 열네 번이나 고발되었어요. 그러다 보니 정규 직장도 가질 수 없어서 아르바이트로 생계를 유지했고 가정도 꾸릴 수 없었죠.

대법원은 '진정한 양심이란 그 신념이 깊고, 확고하며, 진실하여야 한다'고 밝히면서 긴 시간 동안, 커다란 희생을 감수하면서도 일관되게 지켜 온 그의 신념은 '진정한 양심'으로 볼 수 있다고 판단했어요. 어때요, 이 정도면 정말 '그렇게 하지 않고서는 내 존재가 허물어질 것 같은 마음의 소리'에 따라 행동한 거라고 인정할 수 있지 않을까요?

35

감옥에 갇힌 사람들에게는 인권이 없나?

유치장 화장실 사건

합법적으로 권리를 제한받는 대표적인 사람들이 감옥에 갇힌 사람들이잖아요. 이 사람들도 감옥에서 자신의 권리를 주장할 수 있나요? 감옥이 너무 시설이 좋으면 형벌이 아니라 오히려 세금으로 먹이고 재워 주는 셈이니 말도 안 되는 거 아닌가요?

일단 감옥에 갇히는 형벌이 무엇을 의미하는지부터 생각해 볼 필요가 있어요. 옛날엔 감옥에서 고문도 당하고 제대로 먹거나 입지도 못해서 고통받는 것 자체가 일종의 처벌이라고 생각했지만, 법치가 확립된 현대 사회에서 가능한 형벌은 크게 보자면 생명형, 자유형, 재산형, 명예형 네 가지예요.

생명형은 목숨을 빼앗는 사형이고, 재산형은 벌금, 과료, 몰수처럼 재산을 빼앗는 것, 명예형은 자격 정지와 자격 상실을 의미하는데 감옥에 갇히는 징역형이나 금고형은 자유형에 속해요. 즉, 마음대로 움직이고 행동할 수 있는 '자유권'을 제한하는 벌인 거죠. 그러니 가두어 두는 것 외에 다른 고통을 가하는 것은 불법적인 것이라고 할 수 있어요. 물론 수형인을 관리하기 위해 수인복을 입게 한다거나 외부와의 통신을 제한하는 등의 부수적인 조치들은 할 수 있겠지만, 밥을 안 준다거나 잠을 못 자게 하는 등 다른 고통을 가하는 것은 안 된다는 거죠.

범죄를 저질렀다는 혐의로 경찰에 체포된 사람들이 일단 경찰서에 임시로 갇혀 있는 곳이 '유치장'인데 2000년 6월 한 여성이 시위 현장을 지나다가 참가자로 오해를 받아서 유치장에 갇혀요. 좁은 유치장에는 8명의 여성들이 있었는데 별도의 화장실이 있는 게 아니라 유치장 구석에 작은 칸막이를 치고 변기를 둔 것에 불과했어요. 그런데 그 칸막이가 천장까지 다 연결된 것이 아니라 혹시 그 안에서 무슨 짓을 할까 봐 감시하기 위해 겨우 60센티미터 정도의 높이밖에 안 되었어요.

이 여성은 남자 경찰관이 앞에서 훤히 보는 상황에서 옷을 내려야 했고 변기에 쪼그려 앉고 나서도 사람들과 계속 얼굴을 마주쳐야 했으며, 당연히 유치장 안에 냄새가 퍼져서 말할 수 없는 수치심을 느꼈다고 해요. 게다가 이 모든 과정은 감시 카메라에 녹화가 됐고요. 이틀이나 이곳에 갇혀 있다가 풀려난 이 여성은 헌법이 보장하는 인간의 존엄성, 사생활의 비밀과 자유를 침해당했다는 이유로 헌법 소원을 내요.

그렇게 설계한 것이 일부러 갇힌 사람들을 괴롭히려고 한 것은 아닐 거예요. 완전히 안이 보이지 않는 화장실을 만들어 두면 체포되어 불안한 상태에 있는 사람들이 자해를 할 수도 있고, 증거를 없애거나 혹은 다른 유치인들을 괴롭힐 수도 있으니 유치장

징역형과 금고형 사람의 자유를 박탈하는 형사 처벌이다. 벌금, 과료, 몰수 등 재산형과 비교하여 '자유형'이라고 부른다. 징역형은 수감 생활 중 노동력을 제공해야 하나, 금고형은 교도소에 가두어 두기만 하고 노동은 시키지 않는다.

의 관리를 위해서는 어쩔 수 없다고 판단했겠죠. 하지만 재판을 받아 유죄 판결을 받은 죄인도 아닌 사람들을 이렇게 대우하는 것은 너무한 것 아닌가 하는 생각도 분명히 들죠.

민감한 인권 감수성을 가진 사람들의 노력이 사회를 변화시켜

이 헌법 소원에 대해 2001년 헌법 재판소는 재판관 전원 일치 의견으로 위헌 결정을 내려요. 일단 죄가 있는지 분명치 않은 사람의 체포 자체를 신중하게 해야 하는데, 만약 체포를 했다 해도 인간으로서의 최소한의 품위를 지킬 수 있도록 해야 한다는 거죠. 아무리 유치장 관리를 위해 필요하다 해도 현재의 상황은 헌법 제10조에서 규정한 인간의 존엄과 가치에서 유래하는 인격권을 침해했다며 인도적 고려에 따른 최소한의 시설 기준을 갖추어야 한다고 선언해요.

사실 그냥 재수 없는 일이다 생각하며 지나갈 수도 있었겠지만 인간의 존엄성을 침해하는 일을 덮고 넘어갈 수 없다고 결심한 이 여성은 1년간에 걸친 법정 투쟁을 벌여요. 이후 전국 229개 유치장의 화장실 칸막이가 1미터 이상으로 높아지고 재래식 변기를 모두 수세식 변기로 바꿔서 냄새가 덜 나도록 하는 대대적인 개선이 이루어져요. 어찌 보면 작은 변화일 수 있지만 모든 인간은 어떤 상황에서도 인간으로서의 존엄성을 지킬 수 있도록 존중되어야 한다는 당연한 원칙이 확인된 사건이죠. 그리고 민감한 인권 감수성을 가진 사람들의 노력이 모여 사회를 변화시켜 나가는 좋은 사례이고요. 헌법은 이렇게 우리 삶 가까이에 함께 숨 쉬며 살아가고 있답니다.

7장

미국을 바꾼 연방 대법원 판례

36

노예는 상품일까?

• 아미스타드 사건

뉴스에서 미국의 흑인들이 '흑인의 생명도 소중하다'며 시위를 벌이는 장면을 봤어요. 경찰이 흑인 피의자를 체포하는 과정에서 과잉 대응을 해서 죽거나 다친 사람들이 많다고 해요. 헌법 재판에서 흑인의 인종 차별 문제를 다룬 사례도 있나요?

미국에서 헌법 재판을 담당하고 있는 연방 대법원에서는 여러 가지 판결들을 통해서 흑인의 인권이 신장되는 계기를 마련했어요. 그중 최초의 판결이라고 할 수 있는 '아미스타드 사건'을 소개해 드릴게요.

15세기에 유럽인들이 신대륙을 찾아 전 세계를 항해하면서 아프리카 원주민들을 납치해서 착취했던 야만스러운 노예제는 18세기 말에 이르러 점차 사라져 가고 있었어요. 1794년 미국 정부는 미국인들이 노예 매매에 참여하는 것을 금지했고, 1802년에는 덴마크가 노예 제도를 폐지했으며, 1808년 미국은 노예의 수입을 금지하는 법을 통과시켰죠. 하지만 불법적 노예 거래는 큰 돈벌이가 되는 장사였기 때문에 여전히 성행하고 있었어요.

1839년 스페인 상인 루이즈와 몬테즈는 불법 거래를 목적으로 쿠바에서 원주민들을 사서 '아미스타드'라는 배에 태워요. 도망가지 못하도록 발가벗겨진 채 쇠사슬로 꽁꽁 묶인 원주민들은 짐짝처럼 취급받으며 굶주림과 질병으로 죽기 일쑤였고 수시로 심한 채찍질까지 당해요. 참다못한 원주민들은 리더인 싱케를 중심으로 반란을 일으켜 배를 빼앗는 데 성공해요.

하지만 항해에 익숙하지 않은 원주민들은 루이즈와 몬테즈에게 운항을 맡겼는데 이들은 쿠바로 돌아가지 않고 몰래 배를 미국 쪽으로 몰고 가서 결국 미국 해안 경비대에 전원 체포됩니다. 루이즈와 몬테즈는 배와 화물, 원주민들이 모두 자신의 재산이라고 주장했고 스페인 정부도 공식 반환을 요청해요. 당시 스페인은 강대국이었기 때문에 미국의 밴 뷰런 대통령은 골치 아픈 문제들을 피하기 위해 송환을 지시해요. 스페인에 송환된다면 아마 반란의 주동자들은 모두 처형당하고 나머지 사람들은 평생 노예의 삶을 벗어날 수 없게 될 상황이었어요.

원주민들의 인권 문제에 관심이 많던 뜻있는 사람들이 일어섰어요. 리비트 목사는 이들의 딱한 처지를 알리는 신문 기사를 써서 성금을 모아 변호사를 고용했고, 잘나가는 변호사였던 로저 볼드윈은 자신의 일을 모두 접고 이 사건에 헌신했으며, 예일대 언어학 교수였던 깁스는 항구와 거리를 돌아다니며 원주민들의 언어인 멘데어를 할 수 있는 통역자를 찾아요. 여기에 비단 사업가였던 루이스 태펀이 전 재산을 걸고 이들을 돕기 위해 나서면서

미국 연방 대법원 대법원장과 8명의 대법관으로 구성되며 종신 재직권을 가지고 있다. 국가적 중요도를 가진 사건에 대하여 상고 허가를 통해 제한적 판단을 한다. 연간 150여 건 정도의 사건을 처리하며, 한국의 대법원과 헌법 재판소의 역할을 통합하여 맡고 있다.

본격적으로 재판이 가능해졌어요.

"노예도 인간이고, 인간은 상품이 아니다!"

처음엔 대단히 불리했던 재판이었지만 기적적으로 원주민 언어인 멘데어 통역자를 구하고, 원주민들의 증언에 따라 이들이 노예 매매 금지법 이후에 납치된 불법적인 노예 거래의 희생자였음이 밝혀져 마침내 승소하게 되었어요. 그러나 미국 정부는 입장을 바꾸지 않았어요. 스페인과의 충돌도 부담스러웠지만 재판 결과에 따라, 아직 노예 제도가 남아 있던 남부 주들과 북부 주 사이에 내전이 벌어질 수도 있다는 불안감 때문에 여전히 송환을 고집하며 최고 법원인 연방 대법원에까지 상고를 했어요. 당시 연방 대법원 판사 9명 가운데 7명이 남부 출신의 노예 소유주였기 때문에 판결을 뒤집을 수 있다고 확신했던 거죠.

모든 희망의 촛불이 꺼져 버릴 것 같던 위기의 순간에 아무도 예상치 못했던 엄청난 인물이 등장합니다. 50년간 변호사를 하면서 하버드 대학 교수를 거쳐 제6대 대통령까지 맡았던 존 퀸시 애덤스가 74세의 고령임에도 직접 변론을 하겠다고 나선 거예요. 애덤스는 역사에 길이 남을 명변론을 통해 '노예도 인간이고, 인간은 상품이 아니다!'라고 열변을 토했어요. 결국 1841년 3월 9일 연방 대법원은 원주민들이 모두 자유인이라는 최종 판결을 내려요. 그리고 이 사건을 계기로 미국 내 노예 제도에 대한 논란이 커지면서 1865년 결국 남북 전쟁이 벌어졌죠. 여기서 북부 주가 승리하면서 미국에서는 공식적으로 노예 제도가 폐지되었답니다.

37

가짜 뉴스를 막는 것도 표현의 자유를 침해하는 걸까?

셴크 사건

요즘 인터넷에 '가짜 뉴스'에 관련된 논란이 자주 등장하잖아요. 그런데 정부에서 가짜 뉴스를 막겠다고 하나하나 보도를 허락하게 되면 검열이랑 마찬가지가 될 것 같아요. 언론의 자유에 관해서도 어떤 기준이 되는 원칙이 있는지 궁금해요.

언론의 자유에 관한 기준은 국가마다, 시대마다 혹은 상황에 따라 달라질 수 있어요. 기준은 당대의 사회적 합의에 의해서 정해지는 것이니까요. 하지만 언론의 자유에 관해서는 흔히 미국 연방 대법원의 판결로 유명해진 '명백하고 현존하는 위험의 원칙'을 기준으로 판단하는 경우가 많아요. 이 원칙이 세워진 '솅크 사건'을 소개해 드릴게요.

미국의 헌법은 1787년에 만들어진 이후 헌법을 고칠 필요가 생기면 전체적으로 개정하는 게 아니라 부분적으로 수정 사항을 덧붙이는 방식을 택하고 있어요. 이것을 '수정 헌법'이라고 하는데 미국 수정 헌법 제1조가 종교의 자유, 언론과 출판의 자유를 보장하고 이것을 제한하는 법률을 제정할 수 없도록 한 것이었어요. 우리가 흔히 듣는 '국민의 알 권리'라는 말이 여기에서 비롯된 것이지요. 하지만 헌법이 만들어진 지 100년이 훨씬 넘은 1900년대 초반의 시점에서 이런 원칙은 점차 약화되어 가고 있었어요. 특히 1917년 미국이 제1차 세계 대전에 참전하면서 통과시킨 '간첩 방지법'은 정부를 비판할 경우 최대 20년까지 수감이 가능하도록 하는 무서운 법으로 표현의 자유를 크게 위축시켰어요.

미국이 전쟁에 참여하는 것을 반대하는 단체를 이끌고 있던 찰스 솅크는 징병 대상자들에게 징병을 거부할 권리를 강하게 주장할 것을 권유하는 인쇄물 15,000장을 보내서 간첩 방지법을 어겼다는 죄목으로 재판에 회부돼요. 검사는 나라가 위기에 처한 전쟁 시점에 징병을 방해하는 행위는 대단히 위험하고 반국가적인 행위이며, 명백한 현행법 위반이기 때문에 처벌이 불가피하다고 주장했죠. 변호인은 자신의 의견을 밝히는 것은 수정 헌법 제1조에 보장된 언론의 자유, 표현의 자유에 해당하는 것이며 이렇게 반대 의견을 억누르는 것이 오히려 국가에 위험을 가져올 수 있다고 반박했어요. 결국 이 사건은 재판을 거듭한 끝에 1919년 1월 최고 법원인 연방 대법원까지 올라가게 되죠.

명백하고 현존하는 위험의 원칙

이 사건의 판결문을 쓴 올리버 홈즈 재판관은 언론의 자유를 제한할 수 있는 기준으로 '명백하고 현존하는 위험의 원칙'을 제시해요. 언론의 보도를 통해 사회적인 해악이 발생할 거라는 인과관계의 예측이 명백하고, 그 해악이 시간적으로 매우 근접해서 아주 가까운 시일 내에 발생할 것이라는 현존성이 인정될 경우에만 언론의 자유를 제한할 수 있다는 거죠. 이 원칙의 사례로 홈즈가 제시한 것이 유명한 '극장의 화재' 사례예요. 표현의 자유를 최대한 보장하는 것이 옳은 일이지만, 많은 사람들이 들어찬 극장 안에서 갑자기 일어나서 '불이야!'라고 거짓말을 해서 사람들을 혼란에 빠뜨리는 것은 용납될 수 없다는 거죠. 이 원칙에 근거해서 연방 대법원은 만장일치로 셍크의 유죄 판결이 헌법에 부합한다는 결정을 내려요.

하지만 '극장의 화재' 사례에 대한 비판도 있어요. 극장 안에서 진짜로 불이 났는데 단지 혼란을 막는다는 이유로 '불이야!'라고 외치지 못하도록 만들 수도 있다는 거죠. 실제로 간첩 방지법으로 인한 강한 언론 통제 때문에 1918년 미국의 신병 훈련소에서 처음 발병한 악성 독감이 전혀 외부로 알려지지 않은 채 제1차 세계 대전을 통해 전 세계로 퍼져 나간 비극적인 사례가 있어요. 당시 전쟁에 참여하지 않았던 스페인에서만 언론 통제가 없어서 이 끔찍한 전염병이 보도되었기 때문에 아이러니하게도 '스페인 독감'이라는 이름이 붙었죠. 당시 스페인 독감으로 세계 인구의 3분의 1이 감염되고 약 5천만 명이나 되는 사람들이 목숨을 잃었어요. 언론의 자유가 더 넓게 보장되었더라면 이런 엄청난 피해를 조금이라도 줄일 수 있지 않았을까요?

38

수사 과정에 흠이 있으면 범죄자도 풀어 줘야 할까?

미란다 사건

범죄 영화를 봤는데 범죄자를 재판 과정에서 그냥 풀어 주더라고요. 수사 과정에서 절차가 잘못되었다는 이유로 석방된 거예요. 아무리 그래도 그 사람이 범인인 건 맞는데 그냥 풀어 주는 게 도저히 이해가 안 돼요. 사소한 절차 같은 건 급하면 생략될 수도 있는 거 아닌가요?

경찰이 수사 과정에서 법으로 정해진 절차를 아무렇게나 무시해도 된다고 생각하면 훨씬 많은 사람들의 기본권이 침해되는 일들이 벌어지지 않겠어요? 그래서 길고 넓게 보자면 오히려 법적인 절차를 철저하게 지키도록 하는 것이 모든 사람들을 위해 더 좋은 선택이 될 수 있어요. 이와 관련해서 한때 논란이 되었지만 결국 미국에서 적법 절차의 원칙을 확립하는 계기가 되었던 '미란다 사건'을 소개해 드릴게요.

범죄를 다룬 드라마나 영화에서 경찰이 용의자를 체포한 후 "당신은 변호사를 선임할 권리가 있고…."로 시작되는 긴 문장을 읽어 주는 장면을 본 적이 있나요? 내용이 꽤 길다 보니 주머니에서 카드를 꺼내어 보면서 읽어 주는 경우도 있는데 이 카드를 '미란다 카드'라고 불러요. 이 카드의 이름은 미국에서 있었던 한 사건에서 유래한 거예요.

미국에서 1941년 태어난 에르네스토 미란다는 어려서부터 온갖 범죄를 저지르며 소년원과 감옥을 드나들던 악질 범죄자였어요. 그러던 중 1963년 애리조나주에서 18세 소녀를 납치해서 성폭행한 혐의로 체포되었어요. 문제는 충격을 심하게 받은 소녀가 범인의 모습을 제대로 기억하지 못하고 있었다는 거였어요. 여러 정황 상 미란다가 범인일 거라고 의심하던 경찰은 2시간 동안 강도 높은 조사를 벌였고 결국 미란다는 자신의 범죄를 자백하고 자술서에 사인도 해요.

이것으로 사건이 마무리되는 줄 알았지만 미란다의 변호사인 앨빈 무어는 경찰이 심문 과정에서 미란다에게 변호사를 선임할 권리나, 자신에게 불리한 진술을 거부할 권리 등을 알려 주지 않았다는 것을 문제 삼아요. 법에서 정해진 절차를 지켜서 법을 집행해야 한다는 '적법 절차의 원칙'을 지키지 않았다는 거죠. 하지만 경찰 측에서는 미란다가 직접 작성한 자술서의 맨 앞에 이미 권리를 알려 주는 문장들이 인쇄되어 있기 때문에 당연히 미란다가 읽어 보았을 테니 권리를 알려 준 것이나 마찬가지라고 주장했죠.

범죄 수사 과정에서도 인권을 보장해야

결국 이 사건은 최고 법원인 연방 대법원까지 올라가게 되었고, 1966년 6월 13일 연방 대법원은 재판관 5 대 4의 아슬아슬한 차이로 미란다의 주장이 옳다는 판결을 내려요. 용의자를 심문하기 전에 변호사 선임권이나 묵비권 등을 직접 알려 주지 않으면, 피의자가 자신의 권리를 충분히 알고 권리를 포기한 것으로 보기는 어렵다는 것이 판결의 이유였어요. 바로 여기에서 만들어진 것이 체포 시에 반드시 권리를 직접 알려 줘야 한다는 '미란다 원칙'이고, 이 원칙을 잘 지키기 위해 경찰들이 가지고 다니기 시작한 것이 미란다 카드예요.

미란다의 자백이 범죄의 여러 정황과 정확하게 맞아떨어졌기 때문에 미란다가 범인이라는 사실은 분명해 보였어요. 하지만 자백이 거의 유일한 증거였던 사건에서, 법적 절차를 잘 지키지 않았다는 이유로 자백이 증거로서 효력을 잃게 되자 미란다는 무죄로 풀려날 수밖에 없었어요. 아무리 그래도 청소년을 납치하여 성폭행이라는 끔찍한 범죄를 저지른 사람을 이렇게 풀어 주다니 말도 안 되는 일처럼 생각되죠? 그래서 당시 미국 사회에서도 이 판결에 대해 비판하는 사람들이 많았어요. 하지만 미 연방 대법원은 국가가 범죄를 수사하는 과정에서 인권을 제대로 보장하지 않는 잘못된 관행을 없애려면 엄격한 원칙을 세워야 한다고 생각했던 거예요. 그리고 약 60년이 지난 지금 시점에서 보면 이런 원칙이 분명 민주 사회에서 사람들의 인권을 향상시키는 데 크게 기여했다고 평가되어요.

그런데 미란다는 어떻게 되었냐고요? 첫 번째 재판에서는 앞에 설명한 것처럼 무죄로 풀려났지만, 1967년 열린 두 번째 재판에서 검찰이 미란다가 범행에 대해 얘기했다는 여자 친구의 새로운 증언을 확보해서 20년 형을 선고받아요. 1972년 가석방되었던 미란다는 또다시 이런저런 범죄를 저지르다가 1976년 술집에서 싸움을 벌이던 중 칼에 찔려 사망해요. 현장에 출동한 경찰이 미란다를 찌른 용의자를 체포해서 미란다 원칙에 따라 권리를 알려주자 용의자는 묵비권을 행사했다고 해요. 인과응보처럼 느껴지는 참 아이러니한 최후가 아닌가요?

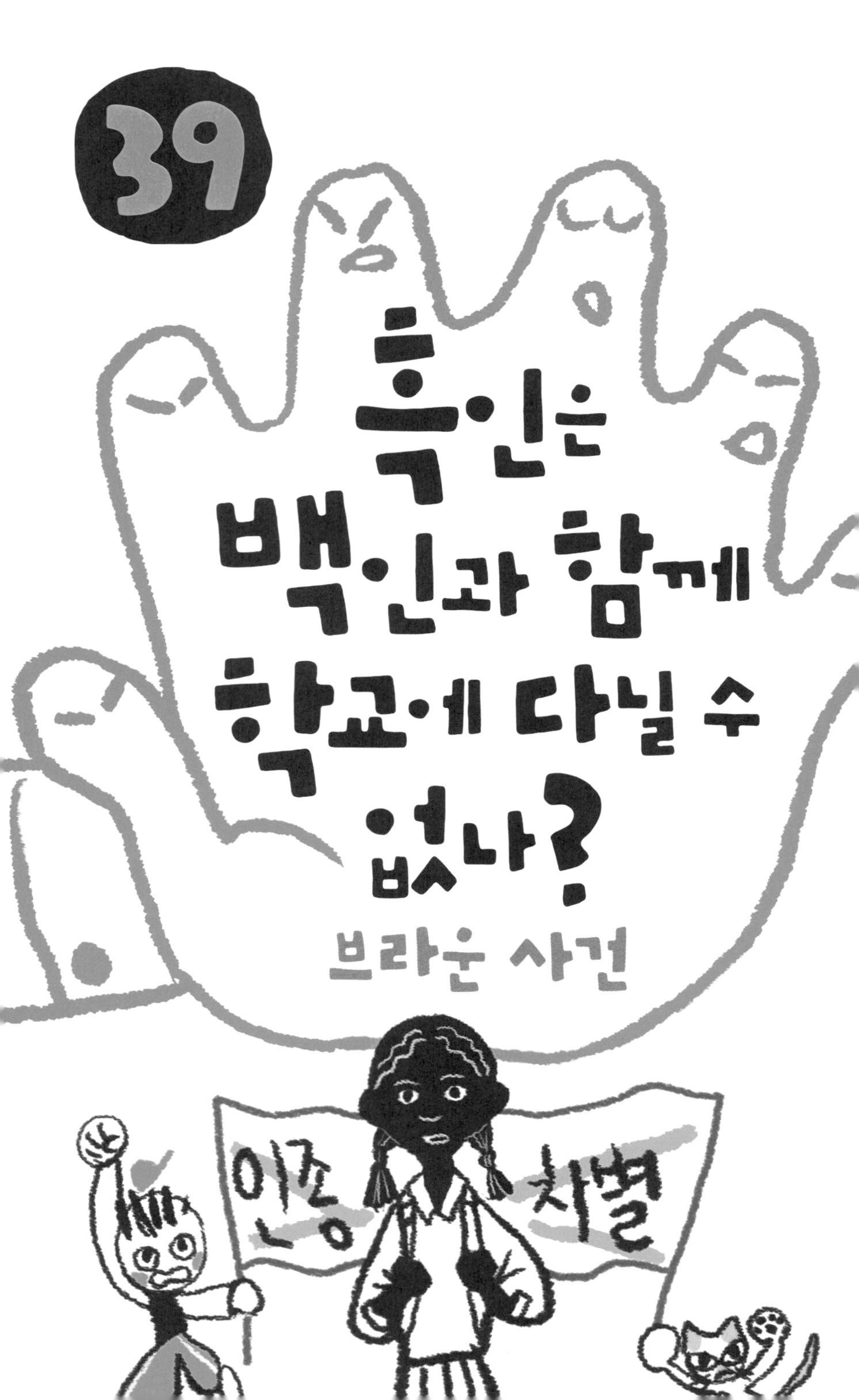
39
흑인은 백인과 함께 학교에 다닐 수 없나?
브라운 사건
인종 차별

인터넷에서 역사 속의 신기한 장면들을 찍은 사진을 봤는데 미국에서는 수도꼭지에도 '백인 전용', '흑인 전용'이라고 써 놓고 따로 사용했던 적이 있더라고요. 그냥 한 수도꼭지를 쓰면 될 걸 저렇게 번거롭게 해 놓은 게 이상해 보였어요. 이런 흑백 분리 정책은 언제 없어진 건가요?

미국에서 법적으로 불합리한 인종 차별이 없어지는 데는 아주 오랜 시간이 필요했지만, 결정적인 계기가 되었던 판결 중 하나가 흑인도 백인과 같은 학교에 다닐 권리를 보장한 1954년의 '브라운 판결'이에요.

여러분도 잘 알겠지만 미국에서는 남북 전쟁에서 노예 해방을 주장한 링컨 대통령이 이끄는 북부가 승리하면서 공식적으로 노예제가 폐지돼요. 하지만 1865년 남북 전쟁이 끝나고 수정 헌법 제13조가 만들어져 노예 해방이 공식화된 후에도 미국 사회 곳곳에 흑인을 차별하는 사회 제도들이 많이 남아 있었어요. 기차에도 백인이 타는 칸과 흑인이 타는 칸이 분리되어 있었는데 1892년 백인 칸에 탔다가 체포된 호머 플레시에 대한 재판에서 연방 대법원은 흑백 분리가 합헌이라는 판결을 내려요. 흑인과 백인을 분리했을 뿐 흑인 차량이 더 나쁜 것이 아니라면 평등한 대우라고 할 수 있다는 '분리되었으나 평등하다'는 논리였죠.

이 판결 이후 미국 내에서는 기차뿐 아니라 학교, 극장, 화장실, 물을 마시는 수도꼭지까지 백인 전용, 흑인 전용으로 구분하는 것이 일반화되었어요.

이 악습은 60년이 지난 1951년까지도 이어져 캔자스주 토피카시에 살고 있던 초등학교 3학년 흑인 소녀 린다는, 집 앞에 있는 섬너 초등학교가 백인 전용이라는 이유로 한참 먼 곳에 있는 먼로 초등학교에 버스를 타고 통학해야 했어요. 린다의 아빠였던 올리버 브라운은 이런 불공평한 일을 바로잡아야 한다는 생각으로 같은 처지의 학부모 12명과 함께 토피카시 교육 위원회를 상대로 소송을 제기했어요. 그래서 이 사건을 '브라운 대 토피카 교육 위원회 재판'이라고 불러요.

"격리된 교육 시설은 근본적으로 동등할 수 없다"

싸움은 예상대로 쉽지 않았어요. 캔자스주 지방 법원은 앞선 플레시 판결을 근거로 백인 학교와 흑인 학교가 분리되어 있더라도 시설, 교육 과정, 교사 수준 등이 비슷하기 때문에 '분리되었으나 평등'하니 차별이 아니라며 교육 위원회의 손을 들어주었어요. 브라운과 학부모들은 이에 굴하지 않고 주 고등 법원, 주 대법원까지 항소를 거듭했으나 결론은 바뀌지 않았어요. 마침내 사건은 소송이 시작된 지 3년이나 지난 1954년 연방 대법원까지 올라갔어요.

당시 얼 워런 대법원장을 필두로 인권을 확장하기 위한 진보적 판결을 쏟아 내기 시작하던 연방 대법원의 대법관들은 흑백 분리 정책에 심각한 문제가 있다고 생각했어요. 인종을 이유로 어린이들을 격리하는 것은 그 자체로 열등감을 조장하여 심각한 마음의 상처를 줄 뿐 아니라, 그 결과 학구열을 감소시켜 흑인 어린이들의 교육적, 정신적 발달을 늦추게 될 거라는 거죠. 또한 인종적으로 융합된 학교 제도를 통해 함께 살아가는 법을 배워야 하는데, 인종을 나눠 교육하면 백인과 흑인 어린이들 모두에게 큰 문제가 된다고 봤어요. '격리된 교육 시설은 근본적으로 동등할 수 없다'라는 명쾌한 결론과 함께 대법관들은 만장일치로 위헌 판결을 내렸습니다.

법원의 판결로 모든 문제가 해결되었을까요? 그렇지 않아요. 법은 모든 것을 해결하는 요술 방망이가 아니랍니다. 흑백 통합 학교 내에서 백인 학급을 만들거나 졸업식도 따로 하겠다는 꼼수도 등장했고, 백인들의 폭행과 차별이 노골적으로 벌어지기도 했어요.

1957년 아칸소 주지사는 주 방위군을 동원해 백인 고등학교에 등교하려는 흑인 학생들을 막으려 했어요. 아이젠하워 대통령이 이에 맞서 공수 부대를 투입하면서 학생을 등교시키려고 군대와 군대가 맞붙는 일촉즉발의 상황까지 벌어졌어요. 아이젠하워 대통령은 "그 어떤 누구도 정의를 방해할 수는 없다."는 말로 흑인에 대한 차별을 강하게 금지시켰어요.

진짜 변화는 이 판결을 시작으로 흑인 민권 운동이 벌어지고 많은 사람들이 인종 차별의 문제점을 인식하게 되면서 서서히 이루어졌어요. 하지만 미국 사회에서 여전히 인종 차별이 문제가 되는 것은 그 변화의 물결이 아직 가야 할 길이 남아 있다는 걸 보여주네요.

워터게이트 사건이 뭘까?

닉슨 대통령 탄핵 판결

우리나라에서는 2017년에 최초로 대통령 탄핵 결정이 내려졌잖아요. 2021년 트럼프 대통령 탄핵 사건 때 뉴스를 보니 미국 역사상 탄핵된 대통령은 없다고 하던데 그럼 닉슨 대통령은 탄핵된 게 아닌가요? 이 사건에서도 연방 대법원의 판결이 결정적이었다고 하던데 좀 자세하게 설명해 주세요.

1970년대에 일어난 일이니까 벌써 50년이나 되었네요. 일단 당시 미국 사회의 상황을 조금 알아 둘 필요가 있어요. 1950년대에서 60년대까지의 시기는 흑인 민권 운동, 베트남전 반대 운동 등으로 미국 사회가 몸살을 앓던 시기예요. 사회에서 인권이 신장되는 과정에서 필연적으로 발생하는 성장통 같은 것이었지만, 아무래도 안정적인 삶을 원하는 국민들의 입장에서는 빨리 혼란이 가라앉고 평온한 일상이 돌아오기를 바랐겠죠.

1968년 공화당 대통령 후보로 출마한 닉슨은 이런 국민들의 마음을 잘 파고들어서 국가 안보와 법치 질서를 강조하면서 대통령에 당선돼요. 그리고 임기 동안 월남전을 마무리 짓고 공산권 국가와의 긴장 완화에 성공하는 성과를 거두었기 때문에 다음번에도 당선이 유력했죠. 미국 대통령의 임기는 4년이기 때문에 다음 선거는 1972년이었는데, 닉슨 대통령의 선거 운동 조직인 닉슨 대통령 재선 위원회에서는 야당인 민주당에서 누가 후보가 될지 미리 정보를 빼내기 위해, 민주당 전국 본부 사무실에 비밀 요원들을 투입해서 자료를 훔치려고 해요. 그런데 이 다섯 명이 그만 절도 과정에서 발각되어 체포되는 사태가 벌어지는데 이 사무실이 워터게이트 빌딩에 있었기 때문에 '워터게이트 사건'으로 불리게 된 거죠.

닉슨 정부에서는 즉각 자신들은 이 사건과 관련 없다고 공식 발표하는 한편 FBI와 법무부에 압력을 넣어 수사를 축소하고, 체포된 사람들에게는 돈을 줘서 매수하는 방법으로 입을 막아요. 또 대통령 선거가 시작되면서 사람들의 관심이 여기에 쏠리자 워터게이트 사건은 자연스럽게 잊혔죠. 하지만 〈워싱턴포스트〉 신문의 밥 우드워드와 칼 번스타인 기자가 끈질긴 추적을 통해 1972년 10월 정부의 불법 공작을 폭로하는 특종 기사를 터트려요. 하지만 이런 엄청난 보도에도 불구하고 대통령의 개입을 입증할 만한 물증이 부족했기 때문에 11월 선거에서 닉슨은 재선에 성공하죠.

이제 공은 사법부로 넘어가요. 1973년 1월 워싱턴 연방 지방법원에서 열린 워터게이트 빌딩 침입 절도 사건 재판에서 재판부는 관련자들에게 모두 중형을 선고하면서, 형량을 경감받기 위해 자백하는 피고인이 있으면 재판을 다시 열겠다고 공언해요. 여기에 흔들린 피고인 한 명이 증언을 하겠다고 나서면서 사건은 새로운 국면에 들어가요. 다시 시작된 수사 과정에서 새로이 특별 검사에 임명된 아치볼드 콕스는 철저한 수사를 통해 백악관을 압박해 들어가기 시작했고, 결국 닉슨 대통령은 과잉 충성하는 다른 부하들이 자신에게 알리지도 않고 저지른 일이라고 해명해요. 자기만 빠져나가겠다고 선을 그은 거죠.

이렇게 되자 처벌이 두려워진 측근들이 앞다퉈 증언에 나서게 되는데 특히 존 딘이라는 사람은 절도범들에게 돈을 주어 입을 막자는 얘기를 닉슨에게 직접 했고 닉슨이 동의했다고 말해요. 하지만 닉슨은 이야기는 들었지만 자기는 동의하지 않았다고 주장하죠. 누구의 말이 진실인지 혼란이 거듭되는 상황에서 백악관 집무실의 모든 대화는 테이프에 녹음된다는 사실이 알려져요. 그 테이프 내용만 확인하면 모든 일들이 분명해지는 거죠.

이제 사건의 핵심은 테이프의 공개 여부가 되었어요. 백악관은 기밀이라서 공개할 수 없다 하고, 콕스 검사는 거듭 공개를 요청하는 가운데 1973년 10월 닉슨 대통령은 전격적으로 콕스 특별검사를 해임해 버려요. 하지만 이런 극단적 조치는 오히려 국민들의 엄청난 비난을 불러와서 결국 이듬해인 1974년 닉슨은 마지막 희망을 연방 대법원에 걸고, 대통령의 비밀 기록인 테이프를 제출하지 않아도 된다는 판결을 내려 달라고 요청해요. 당시 9명의 대법관 가운데 자그마치 4명이 닉슨이 직접 임명한 대법관들이었고, 연방 대법원이 5~60년대와 달리 전체적으로 아주 보수적인 분위기로 바뀌었기 때문에 자신을 지지해줄 것으로 기대한 거죠.

닉슨 측이 주장한 핵심적인 논리는 두 가지였어요. 첫째는 대통령의 업무 수행에 관한 기밀이 지켜지지 않으면 원활한 업무 수행이 불가능하므로 면책 특권 사항에 해당한다는 점이고, 둘째는 삼권 분립에 따라 입법부, 행정부, 사법부의 권한과 역할이 분리되어 있는데, 테이프 제출을 요구하는 검사는 행정부 소속이므로 이건 행정부 내부의 문제이므로 사법부가 개입할 문제가 아니라는 것이었어요.

정의를 선택한 사람들

하지만 연방 대법원의 판단은 달랐어요. 일단 두 번째 문제에 관해 삼권 분립 또한 헌법상의 제도일 뿐이고 가장 중요한 기반은 헌법인데, 이 책 맨 앞에서 우리가 살펴본 마버리 사건을 예로 들면서 헌법에 대한 해석과 판단은 당연히 사법부의 권한이라고 밝혀요. 또한 헌법을 바탕으로 생각해 보자면 녹음테이프는 공정한 재판을 위해 반드시 필요한 증거이기 때문에 대통령이 업무 수행상 일정 수준의 비밀 유지가 필요하다 해도, 이 테이프를 공개하면 대통령 업무에 어떤 지장이 오는지 제대로 입증하지 못한 상황이기 때문에 대통령이라 할지라도 법적 절차를 충실히 따라야 한다고 분명하게 선언해요. 즉, 대통령의 면책 특권은 국민들이 부여한 임무를 제대로 수행하기 위해 제한적으로 부여한 권한일 뿐이지 대통령 개인의 비리를 덮으라고 준 특혜가 아니라는 것이지요.

결국 더 이상 버틸 수 없게 된 닉슨 대통령은 모든 녹음테이프를 제출하는데 그 내용을 분석한 결과, 수사 중지 명령 등을 통해 법 집행을 방해했다는 사실이 밝혀져 연방 하원에서는 탄핵 절차에 들어갔어요. 탄핵이 확실시되는 상황이 되자 닉슨은 1974년 8월 8일 스스로 사임하는 길을 택해서 탄핵 자체가 진행되지는 않았어요. 하지만 사실상 탄핵이나 마찬가지인 상황이었죠.

그래서 뉴스에서 미국 역사상 탄핵된 대통령은 없다고 보도한 거예요. 연방 대법원의 판결도 탄핵 자체에 대한 판결이 아니고, 사실상 탄핵을 결정지은 결정적인 증거 제출에 관한 사법 심사 판결이었죠. 하지만 이렇게 누가 봐도 분명히 잘못된 일이 밝혀지는 데는 2년이라는 세월과 그 과정에서 목숨을 걸고 사건을 보도한 기자들, 해임을 각오하고 진실을 파헤친 검사들, 그 검사들을 보호하기 위해 해임 통고를 거부하고 스스로 사임한 법무장관과 차관들, 정부와 정면 대결을 마다하지 않은 판사들, 그리고 그 긴 과정들을 지켜보고 응원한 국민들의 노력이 필요했어요.

따지고 보면 헌법은 이런 '정의롭게 살아가려는 의지들'이 한데 모여 만들어진 문장들이 아닌가 해요. 그러므로 마치 앙금처럼 바닥에 가라앉은 그 문장들이 다시 현실 속에서 힘을 발휘하려면 고여 있는 물을 힘차게 휘젓고 앞으로 나아가려는 우리의 노력이 끊임없이 이어져야겠죠?

대한민국 헌법

전문

유구한 역사와 전통에 빛나는 우리 대한국민은 3·1운동으로 건립된 대한민국임시정부의 법통과 불의에 항거한 4·19민주이념을 계승하고, 조국의 민주개혁과 평화적 통일의 사명에 입각하여 정의·인도와 동포애로써 민족의 단결을 공고히 하고, 모든 사회적 폐습과 불의를 타파하며, 자율과 조화를 바탕으로 자유민주적 기본질서를 더욱 확고히 하여 정치·경제·사회·문화의 모든 영역에 있어서 각인의 기회를 균등히 하고, 능력을 최고도로 발휘하게 하며, 자유와 권리에 따르는 책임과 의무를 완수하게 하여, 안으로는 국민생활의 균등한 향상을 기하고 밖으로는 항구적인 세계평화와 인류공영에 이바지함으로써 우리들과 우리들의 자손의 안전과 자유와 행복을 영원히 확보할 것을 다짐하면서 1948년 7월 12일에 제정되고 8차에 걸쳐 개정된 헌법을 이제 국회의 의결을 거쳐 국민투표에 의하여 개정한다.

질문하는 사회 10
그래도 헌법은 좀 알아야 하지 않을까?

초판 1쇄 발행 2021년 6월 10일
초판 2쇄 발행 2022년 5월 20일

지은이 곽한영
그린이 오승민
펴낸이 이수미
편집 이해선
북 디자인 신병근, 선주리
마케팅 김영란

종이 세종페이퍼 인쇄 두성피엔엘 유통 신영북스

펴낸곳 나무를 심는 사람들
출판신고 2013년 1월 7일 제2013-000004호
주소 서울시 용산구 서빙고로 35 103-804
전화 02-3141-2233 팩스 02-3141-2257
이메일 nasimsabooks@naver.com
블로그 blog.naver.com/nasimsabooks

ISBN 979-11-90275-51-4
979-11-86361-44-3(세트)